파이썬 터틀 그래픽을 이용한
프로그래밍과 코딩

정민영 著

 21세기사

이 도서의 국립중앙도서관 출판예정도서목록(CIP)은 서지정보유통지원시스템 홈페이지(http://seoji.nl.go.kr)와 국가자료공동목록시스템 (http://www.nl.go.kr/kolisnet)에서 이용하실 수 있습니다.(CIP제어번호: CIP2017021514)

머리말

구글 딥마인드(Google DeepMind)가 개발한 '알파고(AlphaGo)'라는 인공지능 바둑 프로그램이 대한민국 프로 바둑 기사 '이세돌'과의 세기의 대결에서 승리하고 중국의 프로 바둑기사 '커제'를 무패로 연속적으로 승리했다는 소식은 우리에게 적지 않은 충격을 주었고, 인공지능이 인간을 능가함으로써 발생할 수 있는 예기치 않은 여러 가지 상상을 하게 되는 계기를 만들어 주었다. 이것은 제4차 산업혁명의 핵심에 해당되는 지능정보기술의 급속한 발전의 산물로써 예상보다 더 빨리 우리 생활 깊숙한 곳까지 들어와서 새롭게 변화된 생활양식을 낳아 새로운 문화를 이끌 수 있다는 기대와 함께 생각지 못했던 사회의 변화를 유도하고 있어서 자칫 뒤떨어지면 낙오자로 전락할 수도 있다는 우려마저 낳고 있다.

이러한 변화의 근본적인 원동력을 제공하는 컴퓨터(computer)는 서양 과학문명의 걸작이라 할 수 있다. 서양 교육에서 특히 중점을 두는 과학의 경우, 우주의 삼라만상을 명사 중심의 관점에서 서로 독립된 존재로 보고 분석적 사고로 그 내부를 나누거나 분리시켜서 그들을 형상화하거나 계량화하여 자신의 관점에서 그들을 논리적으로 말을 통해 표현하려고 노력한다. 따라서 어떤 문제를 해결하고자 할 경우 그 문제의 원인을 그 내부에서 찾는다. 이에 비해 동양의 교육에서 중점을 두는 효도(孝道)의 경우, 우주 삼라만상을 동사 중심의 관점에서 기(氣)로 연결된 존재로서 끊임없이 상호작용하는 것으로 보고 종합적 사고로 사물간의 관계를 중시하여 타인의 관점을 의식하고 심지어 사물과 하나가 되고 싶어 하고 자신이 몸소 실천하고 경험하는 것을 중시한다. 따라서 어떤 문제를 해결하고자 할 경우 그 문제의 원인을 그 문제와 연결된 외부와의 관계에서 찾는다. 동양적 접근방식에 익숙한 우리로서는 서양 과학의 산물인 컴퓨터에 접근하여 이해하고 컴퓨터를 활용하여 문제를 해결하는 데는 분명한 한계와 어려움이 존재한다.

그러나 학교 현장에서 과학 교육의 중요성이 꾸준히 강조되고 반영된 덕택에 사고방식의 변화가 있고, 컴퓨터를 다루는 명령어들의 집합이라 할 수 있는 프로그램을 작성하는 프로그래밍 언어의 비약적인 발전에 힘입어 풍부한 자료구조와 단순하면서도 강력한 함수, 그리고 이들을 포함하는 클래스와 객체를 통해 실세계를 추상화하여 보다 쉽게 표현하고 이를 기반으로 보다 쉽게 프로그래밍을 할 수 있는 환경의 변화로 새로운 프로그래밍과 코딩 교육 발전의 기로에 서 있다.

이 책은 이러한 환경 변화를 반영하여, 현실세계를 추상화하여 이상적으로 데이터와 정보 형태로 표현하고 이를 다루는 알고리즘을 개발하여 해결방법을 도출하여 다시 현실세계에 적용하는 것에 익숙할 수 있도록 하기 위한 노력의 일환으로 기획되었다. 문제를 분석하여 표현한 알고리즘을 비교적 쉽게 접근하여 배울 수 있는 프로그래밍 언어인 파이썬(Python)을 통해 코딩하여 실행함으로써 원하는 결과를 확인할 수 있게 하였다. 그럼에도 불구하고 '프로그래밍'과 '코딩'이라는 이름의 무거움이 여전히 남아있으므로 가능한 초보자라도 누구나 쉽게 접근하여 배울 수 있는 그래픽 중심의 예제를 보다 많이 선보이고 이를 중심으로 초보자에게 친절한 안내자가 되고자 하였다. 파이썬에서는 LOGO라는 언어에서 지원했던 비교적 사용이 용이한 터틀 그래픽(turtle graphics)을 그대로 지원하므로 터틀 그래픽을 중심으로 프로그래밍과 코딩 연습을 할 수 있도록 하였다.

이 책은 총 13장으로 구성되어 있으며 크게 3단계로 나누어진다. 제1단계는 기초 부분으로 제1장 프로그래밍의 개요, 제2장 프로그래밍 맛보기, 제3장 파이썬 맛보기, 제4장 파이썬 기초, 제5장 파이썬 입출력문 등으로 구성되었다. 제2단계는 알고리즘에 관한 부분으로 제6장 알고리즘 개요, 7장 알고리즘 실제 등으로 구성되었다. 제3단계는 본격적인 파이썬 프로그램에 관한 부분으로 제8장 파이썬 터틀 그래픽, 제9장 파이썬 시퀀스 자료형, 제10장 파이썬 조건문, 제11장 파이썬 반복문, 제12장 파이썬 함수, 제13장 파이썬 GUI 등으로 구성되었다.

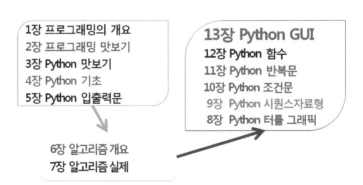

이 책에 나오는 모든 프로그램 예제들은 실행결과와 함께 제시하였으므로 직접 프로그램 코드를 입력하여 실행 결과를 확인해봄으로써 다소 생소하고 어렵게 느낄 수 있는 프로그램 코딩의 세계로 들어가서 새로운 경험을 쌓고 지능정보사회의 핵심인 소프트웨어를 이해하고 현실 세계에 소프트웨어를 제대로 적용하거나 효율적으로 사용하는 계기가 되기를 바란다. 그리고 이것이 가능한 쉽게 전달될 수 있도록 나름대로 애쓰면서 쏟아 부은 나의 밤과 새벽의 시간들, 그리고 열정이 조금이나마 녹아들어 새로운 에너지로 거듭나기를 소망한다. 이 모든 것들은 나의 소중한 가족과 친구들, 그리고 사랑하는 학생들이 있었기에 가능할 수 있었다. 정말 고맙고 감사드린다.

끝으로, 이 책의 발행을 위해 여러 가지로 애를 써주신 '도서출판 21세기사'의 이범만 사장님과 직원 여러분께 감사드린다.

저자 정민영

<차 례>

제1장
프로그래밍의 개요

프로그래밍은 프로그램을 작성하는 것을 말한다. 우리가 살고 있는 정보사회에 잘 적응하려면 컴퓨터를 잘 활용해야 하는데, 이 컴퓨터가 잘 돌아가도록 프로그램을 만들어주는 것이 바로 프로그래밍이다. 대부분 프로그램을 이용하여 컴퓨터를 편리하게 사용하고 필요한 문제를 해결함으로써 보다 나은 삶을 살 수 있게 도와준다. 따라서 프로그래밍에 대해서 조금만 더 잘 알면 그만큼 우리가 사는 정보사회에 적응하는데 훨씬 수월하게 된다. 더구나 최근 들어 이슈로 등장한 4차 산업혁명의 핵심을 지능정보기술이라고 한다면 지능을 갖도록 하는 정보기술의 핵심은 소프트웨어이고 소프트웨어를 개발하는 것의 핵심은 프로그래밍이다. 이러한 프로그래밍에 대한 전반적인 사항을 여기서 개괄적으로 살펴보고자 한다.

1.1 컴퓨터와 정보처리

컴퓨터 프로그래밍을 잘 이해하려면 먼저 컴퓨터란 무엇인지, 컴퓨터를 통한 정보처리과정이 어떻게 이루어지는지, 컴퓨터를 구성하는 하드웨어와 소프트웨어는 무엇인지와 이를 확장한 개념으로서 컴퓨터시스템은 무엇인지, 그리고 컴퓨터를 동작시키는 프로그램은 무엇이고 어떤 역할을 하는지를 알아야 한다.

1) 컴퓨터와 정보처리 과정

컴퓨터란 데이터를 입력 받아 프로그램에 의해 처리한 다음, 정보를 출력해내는 전자식 기계이다. 한마디로 데이터를 입력받아 정보를 출력하는 것으로, 데이터 부분을 강조하여 EDPS(Electronic Data Processing System)라고도 하고, 정보 부분을 강조하여 EIPS(Electronic Information Processing System)라고도 한다.

여기서 데이터(data)란 컴퓨터로 처리하고자 하는 업무와 관련된 것으로서 아직 가공되지 않은 상태의 값, 사실을 말한다. 우리가 성적처리를 할 경우에 점수에 해당되는 것으로 보면 된다. 정보(information)란 입력 자료를 프로그램에 의해 가공하거나 처리한 결과로서 성적처리의 경우 평점이나 등수에 해당된다. 프로그램(program)은 입력 자료를 정보로 변환하는데 필요한 명령, 규칙, 방법 등을 처리순서에 맞게 계획적으로 모아둔 것이다. 파일(file)은 보조기억장치에 저장되는 정보덩어리(데이터 파일, 프로그램 파일)이다. 데이터를 보관해두면 데이터 파일, 프로그램을 보관해두면 프로그램 파일이 된다. 그림 1-1은 컴퓨터에서 이루어지는 정보처리 과정을 나타낸 것이다. 미리 만들어진 프로그램을 파일 형태로 보조기억 장치에 보관해두었다가 그 프로그램을 읽어서 컴퓨터 주기억 장치에 위치시키고 명령어들을 실행시키면 명령어에 따라 입력 장치를 통해 데이터를 주기억 장치에 입력시키고 이를 산술연산이나 논리연산을 통해 계산한 중간결과와 최종결과까지도 주기억 장치에 있게 하고 이들을 필요에 따라 보조기억 장치에 저장하고 정보에 해당되는 최종결과를 출력장치를 통해 출력한다.

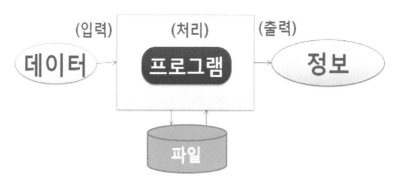

그림 1-1. 컴퓨터 정보처리 과정

2) 컴퓨터 하드웨어와 소프트웨어

컴퓨터는 하드웨어(hardware)와 소프트웨어(software)의 집합체라고 할 수 있다. 컴퓨터를 사람에 비유할 때, 하드웨어는 육체에 해당되고 소프트웨어는 정신에 해당된다. 사람은 건강한 육체에 건전한 정신을 가질 때 제대로 된 삶을 살 수 있듯이 컴퓨터도 하드웨어와 소프트웨어가 조화를 이룰 때 제대로 정보처리를 할 수 있다. 만약에 하드웨어만 있고 소프트웨어가 없다면 식물인간에 해당되고, 반대로 소프트웨어만 있고 하드웨어가 없다면 귀신에 해당되므로 일을 할 수 없기 때문이다.

하드웨어는 우리가 만졌을 때 손으로 잡히는 전자회로, 키보드, 모니터 등과 같은 눈에 보이는 컴퓨터 기계 그 자체를 말한다. 사람의 두뇌에 해당되는 기능을 담당하는 중앙처리 장치와 그 이외의 주변장치로 구분할 수 있다. 중앙처리 장치는 연산 장치, 제어 장치, 주기억장 치를 말하며, 주변장치는 입력 장치, 출력 장치, 보조기억 장치를 말한다. PC의 경우 연산 장치와 제어 장치만을 CPU(Central Processing Unit)라 하는데 그 이유는 연산 장치와 제어 장치를 집적하여 작게 만든 마이크로프로세서(microprocessor)를 조금 과장해서 표현하면서 나온 용어라 할 수 있다. 이것은 우리 주변에서 개인용 컴퓨터인 PC(personal computer)를 많이 사용하니까 마이크로프로세서 대신에 CPU라는 말을 많이 사용한다.

소프트웨어는 하드웨어를 다루는 모든 기술, 하드웨어를 동작시키는 프로그램의 총칭이며 크게 응용 소프트웨어와 시스템 소프트웨어로 구분한다. 응용 소프트웨어는 응용 업무를 실제로 처리하기 위한 프로그램들과 기술들을 말하고, 시스템 소프트웨어는 사람이나 응용소프트웨어가 하드웨어를 보다 쉽고 편리하게 사용할 수 있도록 도와주는 프로그램들과 기술들을 밀한다. 응용 소프트웨어의 예로는 워드프로세서, 스프레드시트 등이 있으며, 시스템 소프트웨어의 예로는 운영체제, 바이러스 백신, 압축 유틸리티 등이 있다.

3) 컴퓨터 시스템

컴퓨터를 시스템 측면에 보면 앞서 말한 하드웨어와 소프트웨어 이외에 좀 더 많은 중요한 구성요소들로 이루어진 것을 알 수 있다. 시스템이란 공동의 목적을 위해서 내부의 구성요소들이 유기적으로 결합하여 상호작용하는 것을 말한다. 컴퓨터 시스템은 그림 1-2와 같이 하드웨어와 소프트웨어 이외에 사람(people), 데이터(data), 절차(procedure) 등의 구성요소를 가지고 있다.

하드웨어는 컴퓨터 그 자체를 말하고, 프로그램(program)은 하드웨어를 동작시키는 계획적인 명령어들의 집합으로서 입력 자료를 출력 정보로 가공하고 처리하는 역할을 수행한다. 컴퓨터 하드웨어를 다루는 여러 기술들과 프로그램들이 모여서 하나의 소프트웨어를 이룬다. 사람은 하드웨어를 동작시키고, 소프트웨어와 절차를 만들고, 데이터를 준비하여 입력하고, 정보를 사용한다. 따라서 컴퓨터를 다루고 활용하는데 있어서 사람이 반드시 있어야 하는 필수 구성요소에 해당된다. 데이터는 입력 데이터와 이를 가공한 결과로 나오는 정보를 통칭하는 것으로 컴퓨터가 존재하는 것은 정보를 생산하기 위한 것이므로 컴퓨터 시스템의 중요한 구성요소라 할 수 있다. 데이터는 하드웨어와 소프트웨어가 없어도 반드시 보존되어야 하는 중요한 구성요소이므로 항상 백업(backup)하는 습관을 길러야 한다. 정확한 데이터가 입력되어야 정확한 정보가 나오므로 데이터를 제대로 수집하여 입력할 때 데이터를 엄격하게 검증하는 것이 중요하고 이를 가공하는 프로그램도 정확히 작성되어야 한다. 그리고 이러한 모든 것들이 누구나 납득할 수 있는 방식으로 잘 이루어지도록 하는 규정이나 법, 그리고 지침이나 방침 등에 해당되는 절차가 제대로 지켜져야 올바른 정보처리를 할 수 있다.

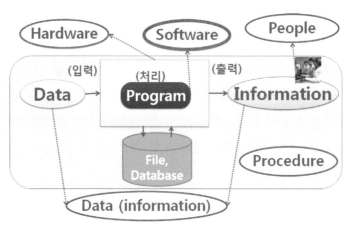

그림 1-2. 컴퓨터 시스템

4) 프로그램

앞서 살펴본 컴퓨터 시스템의 각 구성요소들은 어느 하나 소홀히 취급할 수 없는 중요한 것들임에 틀림없다. 그럼에도 불구하고 컴퓨터 시스템의 구성요소를 자세히 살펴보면 그 중심에 핵심으로 자리 잡고 있는 것이 바로 중앙에 보이는 프로그램이다. 우선 프로그램들이 모여 소프트웨어를 이루고 프로그램의 명령어에 의해 하드웨어가 움직여서 데이터를 입력받고 이를 가공하여 정보로 만들어 출력하게 된다. 따라서 프로그램이 제대로 잘 짜져야 컴퓨터 시스템이 제대로 역할을 하고, 엉터리로 짜지게 되면 그 컴퓨터 시스템은 쓸모없는 것이 되고 만다. 따라서 프로그램은 현실세계의 일을 추상화하여 컴퓨터에 구현하여 컴퓨터를 제대로 활용할 수 있도록 해주는 핵심에 해당되므로 그 무엇보다 중요하다고 할 수 있다.

컴퓨터 프로그램은 컴퓨터를 동작시키는 명령어들을 그냥 모아둔 것이 아니라, 계획적으로 모아둔 것이다. 프로그램을 구성하는 명령어들의 앞뒤 순서가 바뀌면 전혀 다른 결과를 나오게 하므로 정확한 순서에 맞게 작성해야 한다.

우리는 일상생활에서도 프로그램이라는 말을 자주 사용한다. 예를 들면, TV 프로그램, MT(membership training) 프로그램, 축제 프로그램, 행사 프로그램 등과 같이 시간의 흐름에 따른 활동이나 사건 발생 상황에 따른 조치 등을 미리 계획하여 마련해두고 실제로 프로그램을 실시하여 시청률, 문제 해결 성과, 만족도 등을 높이고자 노력하고 있다. 이러한 프로그램을 컴퓨터에 적용하면 컴퓨터 프로그램이 되고, 컴퓨터 프로그램이 좋으면 보다 잘 활용할 수 있게 될 것이다.

1.2 컴퓨터 프로그래밍

컴퓨터 프로그래밍을 잘하려면 일단 프로그래밍이 무엇인지, 프로그래밍을 하는데 사용하는 프로그래밍 언어는 무엇이고 어떤 것을 사용할 것인지, 그리고 실제로 프로그램은 어떻게 작성하는지 그 작성과정을 알아두어야 한다. 여기서는 컴퓨터 프로그래밍 과정을 이해하고 제대로 프로그램을 작성할 수 있도록 하기 위한 기초로서 간단한 문제를 해결하는 프로그램을 만드는 프로그래밍 실제 예를 쫓아가보고자 한다.

1) 프로그래밍

프로그래밍(programming)이란 프로그램을 작성하는 행위이며, 컴퓨터를 보다 깊이 이해하고, 컴퓨터를 전문적으로 활용할 수 있도록 하는 가장 기초적인 것에 해당된다. 프로그래밍을 하는데 있어서는 자료구조와 문제해결 방법에 해당되는 알고리즘에 대해 알아둘 필요가 있다. 자료구조는 입력 장치를 통해 입력되는 자료와 주기억 장치에 저장되는 중간결과나 최종결과에 해당되는 자료가 어떻게 표현되는지를 알 수 있게 해주는 것이고, 알고리즘(algorithm)은 자료를 정보로 만드는 과정을 나타내는 문제해결 방법에 해당된다.

따라서 프로그래밍을 잘 하려면 알고리즘에 대한 연구가 필수적이다. 컴퓨터 과학은 알고리즘을 위한 학문이라고 해도 과언이 아닐 정도로 알고리즘은 중요하다. 프로그래머(programmer)는 컴퓨터를 통한 문제해결 방법으로서 알고리즘을 만들고, 알고리즘을 프로그래밍 언어를 사용하여 코딩한 다음, 실행테스트를 통해서 제대로 프로그램이 작동하는지를 확인하여 오류가 있으면 이를 수정하여 프로그램을 완성하여 사용자가 프로그램 실행을 통해 컴퓨터를 실제로 사용할 수 있게 해준다.

2) 프로그래밍 언어

프로그래밍 언어는 프로그램을 작성하는 데 사용하는 언어이다. 즉 프로그래밍을 할 때 프로그래밍 언어가 필요하다. 원래 컴퓨터는 전자식 기계이므로 전기를 에너지로 고유의 전기의 흐름이나 자기의 흐름 등을 알 수 있지만 사람이 사용하는 언어를 알 수 없다. 따라서 컴퓨터와 사람을 연결하고 사람이 내리는 명령을 컴퓨터가 수행할 수 있게 하는 어떤 약속이 필요하다. 바로 프로그래밍 언어가 이러한 역할을 수행한다. 즉 사람이 문제 해결을 위한 방법을 찾아서 프로그래밍 언어를 통해 약속된 명령문으로 표현한 다음, 약속된 규칙에 따라 컴퓨터가 알 수 있는 약속된 명령코드로 변환하여 실행함으로써 문제 해결 방향으로 컴퓨터가 동작되게 한다. 프로그래밍 언어 종류에는 크게 컴퓨터 중심으로 약속하는 저급언어와 사람이나 문제 중심으로 약속하는 고급언어가 있다.

저급 언어는 컴퓨터 구조에 대해 잘 알아야만 프로그램을 작성할 수 있는 언어로서 기계어와 어셈블리 언어가 있다. 기계어는 컴퓨터 자체의 고유한 언어로서 해당 컴퓨터의 중앙처리장치에 의해서 바로 해독하여 실행할 수 있는 언어를 말한다. 어셈블리언어는 기계어를 1:1 대응시켜 사람이 조금이라도 더 잘 이해할 수 있도록 기호화한 언어를 말한다. 어셈블리 언어로 작성된 프로그램은 어셈블러 (assembler)라는 번역기에 의해 기계어로 번역해야만 실행시킬 수 있다.

고급 언어는 사람의 입장에서 문제 중심으로 프로그래밍 할 수 있도록 도와주는 언어로서 분야나 문제에 따라 아주 다양한 언어가 있다. 고급언어로 작성된 프로그램을 실행하려면 컴퓨터가 알 수 있는 고유의 기계어로 번역을 해야 한다. 고급언어를 사용한다는 것은 바로 기계어로 번역할 수 있는 번역기가 있다는 것을 의미한다. 이러한 번역기에는 컴파일러(compiler)와 인터프리터(interpreter)가 있다. 컴파일러는 고급언어로 작성된 프로그램 전체를 기계어로 한꺼번에 번역한 후 실행할 수 있도록 하는 방식이고 인터프리터는 프로그램을 구성하는 명령문을 하나씩 번역한 후 곧바로 실행할 수 있도록 하는 방식이다.

프로그래밍 언어를 사용해서 프로그래밍 하는 것을 자동차 운전하는 것과 같이 생각해보자. 자동차를 운전하는 방식은 기어변속을 어떻게 하느냐에 따라 오토(auto)와 스틱(stick)으로 구분하는데, 오토의 경우 자동으로 알아서 변속을 해주므로 시동을 켜고 엑셀을 밟거나 브레이크를 밟으면 나아가거나 멈추면서 운전을 하게 되는데 반해서, 스틱의 경우 클러치를 밟고 있는 상태에서 1단, 2단, 3단 등으로 변속을 수동으로 하게 되고 자동차의 기어변속 구조에 대해 어느 정도는 알고 있어야 제대로 운전할 수 있으므로 오토에 비해서 불편하다. 이와 비슷하게 프로그래밍 언어 중 고급언어는 오토와 비슷하고 저급언어는 스틱과 유사하다고 할 수 있다.

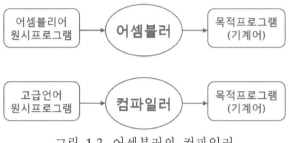

그림 1-3. 어셈블러와 컴파일러

　그림 1-3과 같이 어셈블리 언어로 만들어진 어셈블리 프로그램은 어셈블러에 의해 기계어로 번역되어 실행되고, 고급언어로 만들어진 대부분의 프로그램은 컴파일러에 의해 번역되어 실행된다. 그리고 컴파일러 기능을 축소시켜 명령문 단위로 하나씩 번역하여 실행시키는 인터프리터도 새롭게 많은 각광을 받고 있다. 따라서 고급언어도 크게 컴파일러 언어와 인터프리터 언어로 구분한다.

　지금까지 수많은 고급언어들이 개발되어 있고, 앞으로도 훨씬 많이 개발될 것으로 예상되고 있다. 그것은 고급언어를 이용해서 인간의 입장에서 문제를 바라보고 쉽게 컴퓨터를 움직여서 원하는 대로 해결하는 것을 만들 수 있으니까 좀 더 편리하게 인간의 문제를 컴퓨터를 활용해서 해결할 수 있는 방법도 자꾸 발전하게 된다. 자동차의 경우에도 스틱에서 오토로 발전된 것에 머무르지 않고 최근 구글의 무인 자율주행 자동차처럼 사람이 직접 운전하지 않아도 자동으로 도로 주행이 가능하게 만든 것처럼 고급 언어도 끊임없이 발전하게 될 것이다.

　컴파일러 언어에는 Fortran, Cobol, Pascal, C, C++, C#, Java 등이 있으며, 인터프리터 언어로는 초보라도 누구나 쉽게 배울 수 있는 언어인 BASIC을 비롯하여, LISP, SNOBOL, Javascript, VBScript, SQL, Python등이 있는데 최근에 만들어지는 인터프리터 언어들은 스크립트 언어로 많이 만들어지고 있다. 컴파일러 언어를 사용하여 만든 프로그램은 컴파일러에 의해 한꺼번에 일괄로 번역되어 실행되고 인터프리터 언어나 스크립트 언어에 의해 작성된 프로그램은 인터프리터에 의해 명령문 한 줄씩 번역되어 바로 실행된다. 표 1-1은 컴파일러와 인터프리터의 특징을 비교한 것이다.

표 1-1 컴파일러와 인터프리터의 비교

구분 비교항목	컴파일러	인터프리터
번역	프로그램 전체 한꺼번에 번역	명령 줄 단위로 하나씩 번역
실행과정	전체 번역한 다음, 한꺼번에 실행	줄 단위로 번역 수행
목적프로그램	번역 후 저장을 위해 필요	바로 수행하므로 불필요
효율성	전체적으로 실행속도 빠름	전체적으로는 실행속도 저하

3) 프로그램 작성 과정

프로그램을 잘 작성하려면 먼저 프로그램 작성 과정에 대한 이해가 필요하다. 프로그램은 현실 세계에서 일어나는 문제를 이상적인 논리 세계를 다루는 컴퓨터를 사용하여 해결하고자 하는 것이므로 문제를 추상화하여 컴퓨터에 표현하고 문제 해결방법을 적용하여 원하는 결과를 만들 것인가를 생각해두어야 한다. 그러기 위해서는 우선 문제 분석을 통해서 문제 해결 방법을 찾고 이를 프로그래밍 언어로 코딩하여 테스트를 통해 오류를 바로 잡아서 프로그램을 완성시킨다. 즉 문제 분석, 문제 해결 방법(알고리즘) 작성, 코딩, 테스트 및 디버깅 과정을 밟아서 프로그램을 작성한다.

'문제 분석'은 현실 세계의 문제를 추상화하여 컴퓨터에 표현하고 이를 가공하기 위해 필요한 것은 무엇인지를 파악하기 위한 단계이다. 이를 위해서 먼저 컴퓨터에서 최종적으로 나오게 하는 정보는 무엇인지, 그 정보를 생산하기 위해 필요한 자료는 무엇인지, 그리고 입력 자료를 출력 정보로 변환시키기 위한 방법이나, 변환식, 관계 등이 무엇인지를 분석히여 밝힌다.

'문제 해결 방법 작성'은 분석과정에서 나온 자료와 정보를 어떻게 표현할 것인지 그 자료형과 크기를 정하고, 특히 입력 자료와 출력 정보가 어떠한 인터페이스(interface)하에서 사용자와 연결되는지를 나타내는 입력 설계와 출력 설계를 한 다음, 자료가 정보로 어떻게 변환되어 가는지에 대한 절차와 변환과정을 체계적으로 기술하는 단계이다. 문제 해결 방법을 의미하는 알고리즘이라는 용어를 사용하여 알고리즘 작성 단계라고도 한다.

'코딩(coding)'은 알고리즘을 프로그래밍 언어로 표현하여 원시코드, 즉 원시 프로그램을 작성하는 단계이다.

'테스트 및 디버깅(Test & Debugging)'은 코딩된 프로그램인 원시코드를 인터프리터에 의해 명령문 하나씩 번역하여 에러가 있으면 이를 지적하여 수정할 수 있게 하고, 에러가 없으면 실행하고 필요에 따라 그 결과를 보인 다음, 그 다음 명령문을 번역하여 실행하는 것을 계속해나가는 단계이다.

4) 프로그래밍 예

여기서는 간단히 직사각형 면적을 구하는 프로그래밍 예를 통해서 앞에서 살펴본 프로그램 작성 과정을 따라해 보고자 한다. 직사각형 면적은 가로의 길이와 세로의 길이를 알면 누구나 간단히 계산해낼 수 있는 문제이지만 이를 컴퓨터를 통해 해결하는 과정을 통해서 프로그래밍의 이해를 돕고자 한다.

(1) 문제 분석

직사각형 면적을 구하는 문제를 해결하기 위해서 추상화하여 컴퓨터에 표현하고 가공하는데 무엇을 필요로 하는지 알 수 있도록 먼저 최종 목적에 해당되는 출력 정보가 무엇인지, 그리고 출력 정보를 도출하기 위해 필요한 입력 자료는 무엇인지, 그리고 입력 자료를 출력 정보로 변환하는데 필요한 것은 무엇인지를 다음과 같이 분석한다.

① 출력 정보? 직사각형 면적(s)

② 입력 자료? 가로(a), 세로(b)

③ 출력 정보와 입력자료의 관계, 변환식, 변환방법? s = a * b

(2) 문제 해결 방법(알고리즘)

일반적인 알고리즘은 문제 해결 방법이나 처리 방법만을 나타내면 되지만 컴퓨터 알고리즘은 컴퓨터가 입력 자료를 프로그램에 의해 출력 정보를 만들어내는 전자식 기계이므로 그 특성에 맞게 특수한 경우를 제외하고 입력 자료와 출력 정보에 대한 것을 추가해야 제대로 된 알고리즘이 될 수 있다. 따라서 가로와 세로 길이를 입력하는 것이 앞부분에 있으며, 이 후에 가로와 세로 길이를 곱하여 면적을 구한 다음, 이 면적을 출력하는 과정으로 알고리즘이 구성된다.

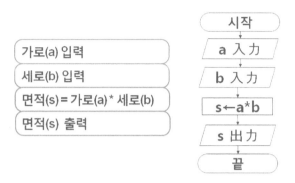

그림 1-4. 직사각형 면적 구하기 알고리즘

그림 1-4는 직사각형 면적을 구하는 알고리즘을 블록조합과 순서도로 나타낸 것이다.

(3) 코딩(coding)

코딩은 알고리즘을 실제 프로그래밍 언어로 표현하는 것을 말한다. 그림 1-5는 직사각형 면적 구하는 알고리즘을 앞으로 배우게 될 파이썬(Python)언어로 코딩한 예를 나타낸 것이다.

(4) 테스트(test) 및 디버깅(debugging)

코딩된 원시 프로그램을 Python 실행 환경에서 입력한 다음, 인터프리터에 의해 번역하여 오류가 없으면 계속 실행하고, 오류가 발생하면 오류메시지가 나오므로 이를 참조하여 수정(debugging)한다.

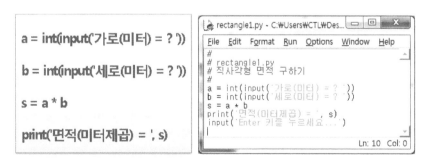

그림 1-5. 직사각형 면적 구하기 파이썬 코딩 예

그림 1-6.직사각형 면적 구하기 파이썬 프로그램 실행 예

  그림 1-6은 직사각형 면적 구하기 알고리즘을 파이썬 언어로 코딩한 것을 테스트 및 디버깅 과정을 거쳐 실행한 예를 나타낸 것이다.

연습문제 1

[기초문제]

※ 다음 글을 읽고 빈 칸에 가장 알맞은 말을 넣으시오.

1. 컴퓨터란 (   )를 입력 받아 (   )에 의해 처리한 다음, (   )를
   출력해내는 전자식 기계이다.

2. (   )란 컴퓨터로 처리하고자 하는 업무와 관련된 것으로서 아직
   가공되지 않은 상태의 값이나 사실들을 말한다.

3. (   )란 입력 자료를 프로그램에 의해 가공하고 처리한 결과를 말한
   다.

4. (   )은 입력 자료를 정보로 변환하는데 필요한 명령, 규칙, 방법 등
   을 처리순서에 맞게 계획적으로 모아둔 것을 말한다.

5. (   )은 보조기억장치에 저장된 정보 덩어리에 해당되며 반드시 이
   름을 붙여서 서로를 구분할 수 있도록 해야한다.

6. 컴퓨터를 사람에 비유할 때, (   )는 육체에 해당되고 (   )는 정
   신에 해당된다.

7. (   )는 전자회로, 키보드, 모니터 등과 같은 눈에 보이는 컴퓨터 기계 그
   자체를 말한다.

8. (   )는 하느웨어를 다루는 모든 기술이며, 하드웨어를 동작시키는
   프로그램 총칭한다.

9. (   )은 하드웨어, 소프트웨어, 사람, 데이터, 절차 등의 구성요소를
   가지고 있으며 정보처리라는 공동의 목적을 위해 내부 구성요소들이 유기적으
   로 결합되어 상호작용 한다.

10. 컴퓨터 하드웨어를 다루는 여러 기술들과 (   )들이 모여서 하나의
    (   )를 이룬다.

11. (   )이란 프로그램을 작성하는 행위를 말하고 (   )는

프로그램을 작성하는 사람을 말한다.

12. 컴퓨터 프로그래밍과 관련하여 현실 세계의 자료가 어떻게 컴퓨터에 표현되는지를 알 수 있는 (   )와 자료를 정보로 만드는 과정을 나타내는 (   )에 대한 연구가 반드시 필요하다.

13. 프로그래머(programmer)는 알고리즘을 프로그래밍 언어를 사용하여 (   ) 한 다음, 실행(   )를 통해서 제대로 프로그램이 작동하는지를 확인한다.

14. (   )는 컴퓨터 중심의 언어로서 컴퓨터 구조에 대해 잘 알아야만 프로그램을 작성할 수 있는 언어이다.

15. (   )는 사람의 입장에서 문제 중심으로 프로그래밍 할 수 있도록 도와주는 언어인데, 컴파일러 언어는 (   )에 의해 전체를 기계어로 번역해야만 실행되고 인터프리터 언어나 스크립트 언어는 (   )에 의해 하나의 명령문 단위로 번역되어 바로 실행된다.

16. 프로그램 작성 과정은 문제분석, 알고리즘 작성, (   ), 테스트 및 디버깅 등으로 이루어진다.

17. 프로그램 작성과정 중에서 현실 세계의 문제를 추상화하여 컴퓨터에 표현하고 이를 가공하기 위해 필요한 것은 무엇인지를 파악하기 위한 단계를 (   )이라 한다.

18. 문제분석 단계에서는 먼저 컴퓨터에서 최종적으로 나오게 하는 (   )는 무엇인지, 그것을 생산하기 위해 필요한 자료는 무엇인지, 그리고 입력 자료를 출력 정보로 변환시키기 위한 (   )이나, 변환식, 관계 등이 무엇인지를 분석하여 밝힌다.

19. 프로그램 작성과정 중에서 (   )은 알고리즘을 프로그래밍 언어로 표현하여 원시코드, 즉 원시 프로그램을 작성하는 단계이다.

[심화문제]

1. 프로그램, 프로그래밍, 프로그래밍 언어를 서로 관련지어서 간략히 설명하시오.

2. 데이터(자료)와 정보, 그리고 프로그램을 서로 연결하여 정보처리과정을 간략히 설명하시오.

3. 어셈블러, 컴파일러, 인터프리터의 차이를 간략히 비교 설명하시오.

4. 프로그램 작성 과정을 단계별로 나타내고, 각 단계에 대해 간략히 설명하시오.

5. 토지의 면적을 나타내는 평방미터(m^2)를 평수로 바꿔주는 프로그램을 프로그램 작성 과정 각 단계를 밟아서 완성하시오.($1m^2$ = 0.3025평)

제2장
프로그래밍 맛보기

코딩은 프로그래밍을 하는데 있어서 문제분석을 통해 만들어진 알고리즘을 특정 프로그래밍 언어로 표현하는 것이다. 지능정보기술이 중요한 4차 산업혁명의 영향으로 우리 생활의 많은 부분이 소프트웨어로 돌아가고 많은 회사들이 소프트웨어 중심회사로 바뀌고 있어서 전 세계적으로 코딩교육의 중요성이 강조되고 있다. 이러한 코딩교육의 열풍으로 영국에서는 초등학교부터 코딩교육을 이미 실시하고 있고 우리나라에서도 방과 후 교실을 통해 코딩교육을 실시하고 있으며 정규교육과정에 반영하여 코딩교육의 중요성을 강조하고 있다. 그리고 이러한 변화에 잘 적응할 수 있도록 스스로 코딩연습을 할 수 있게 교육을 제공하는 여러 유명 코딩교육 사이트들이 있는데 그 중에서도 세계적으로 이름이 널리 알려지고 누구나 쉽게 접근하여 사용할 수 있는 코드닷오알지(code.org)와 스크래치(scratch)라는 코딩연습 사이트를 소개하고 실제로 코딩연습을 통해서 프로그래밍을 경험할 수 있도록 하고자 한다.

2.1 코드닷오알지

코드닷오알지(https://code.org/)는 2012년에 설립된 비영리단체로, 프로그래밍을 연습할 수 있는 장을 제공해주는 사이트이다. 몇 가지 예제를 주고 그대로 따라하는 도구를 제공하여 마치 게임 하듯 프로그래밍 원리를 익힐 수 있도록 도와준다. 명령코드에 해당되는 명령블록을 드래그로 조합하여 일단 원하는 결과를 만들게 하고 그 소스를 확인하고 이해하게 하고, 아이폰 앱, 3D게임, 가상로봇 만들기도 체험할 수 있는 코딩연습 사이트이다.

코드닷오알지 사이트로 들어가면 그림 2-1 왼쪽 부분과 같은 홈페이지가 나오는데, 여기서 아래 부분에 [학생들]이라는 것을 선택하면 그림 2-1 오른쪽 부분과 같은 웹페이지가 나오고 이곳의 아래쪽으로 이동해보면 [고전미로게임]이라는 것이 나타난다. 이 [고전미로게임]을 선택하면 마치 고전 미로게임을 하듯이 코딩연습을 할 수 있는 코딩연습 과정이 단계별로 나온다.

[고전미로게임]은 앵그리버드, 좀비, 다람쥐가 미로에서 이동하거나 회전하여 목표에 도달하게 하는 것을 유도하는 것이다. 앵그리버드는 나쁜 돼지를 잡고, 좀비는 해바라기를, 하늘다람쥐는 도토리를 먹는 것을 목표로 가지고 있다.

그림 2-1. 코드닷오알지

그림 2-2. 명령문 구조 설명 프레젠테이션

총 20개 미션, 5가지 명령문 구조로 구성되어 있으며, 순차 구조(1-5), 반복 구조(6-9), …일 때까지 반복 구조(10-13), 단순 조건 구조(14-17), 분기 조건 구조(18-20) 등이 있다. 각 명령문 구조가 시작하는 1, 6, 10, 14번 미션을 시작할 때 각 명령문 구조를 설명하는 그림 2-2와 같은 프레젠테이션이 나오는데 여기에 마이크로소프트사의 빌게이츠나 페이스북의 주크버그와 같은 세계 유명인사들이 나와서 미션 수행 방법을 설명하여 쉽게 과정을 이해할 수 있도록 돕는다. 각 구조에 대한 프레젠테이션이 끝난 후, 각 구조를 이해할 수 있는 미션이 제시된다. 각 미션이 시작될 때 먼저 그림 2-3의 아래쪽과 같이 메시지박스에 미션의 내용과 간단한 방법을 제시하여 무엇을 해야 할 지를 알려준다. 여기서 [확인]버튼을 누르면 미션을 시작할 수 있는 실행화면, 명령블록, 작업영역 등이 나오게 된다.

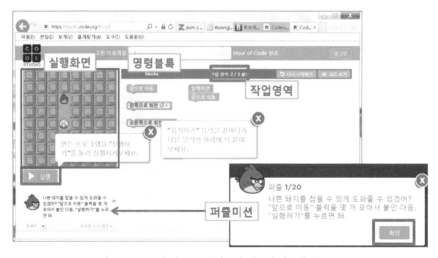

그림 2-3. 고전미로 게임 미션 시작 화면

실행화면은 미션을 수행하는 과정을 보여주는 화면이다. 명령블록은 이 미션에서 사용가능한 명령코드를 제시해주는 곳이다. 작업영역은 명령코드를 드래그하여 갖다놓고 이들을 조합할 수 있게 하는 곳으로 목표에 이르는 명령코드를 순서에 맞게 조합하여 완성할 수 있게 한다. 만약 잘못된 명령코드가 들어가면 그것을 다시 드래그하여 명령블록으로 이동시키면 그것이 해제된다. 작업영역 위쪽에 숫자가 나오는데 슬래시(/) 오른쪽에 있는 숫자는 완성코드의 총갯수를 나타내고 슬래시(/) 왼쪽에 있는 숫자는 현재 작업영역이 있는 명령코드의 개수를 나타내는데 이것은 총 개수를 초과하지 않아야 미션을 성공한 것으로 간주한다.

[고전미로게임] 1번 미션은 순차 구조의 코딩연습을 하기 위한 것으로 그림 2-4와 같은 화면에서 시작한다. 앵그리버드가 두 번 앞으로 이동하면 나쁜 돼지를 잡을 수 있는 아주 간단한 미션이다. 따라서 명령블록의 [앞으로 이동]이라는 명령코드를 작업영역으로 이동시켜서 앵그리버드가 앞으로 두 번 이동할 수 있게 명령코드를 만들면 미션 성공이다. [실행] 버튼을 누르면 실행과정을 보여주고 그 성공여부를 확인할 수 있게 해준다.

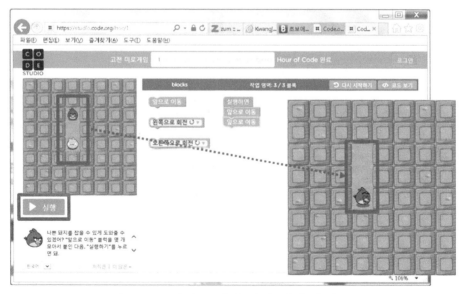

그림 2-4. 고전미로 게임 미션 시작 화면

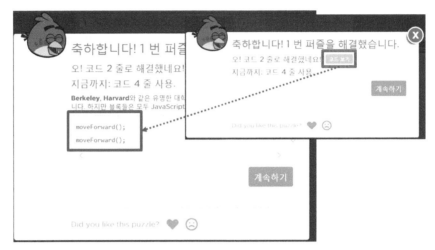

그림 2-5. 고전미로 게임 1번 미션 성공 메시지

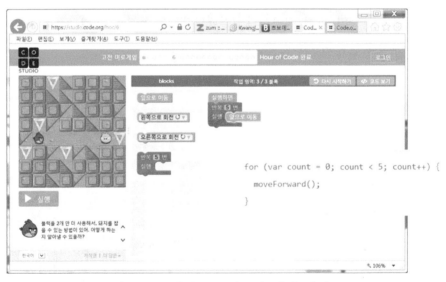

그림 2-6. 고전미로 게임 6번 미션 화면

만약 제대로 명령코드를 구성하여 실행한 결과, 미션을 성공하면 그림 2-5와 같은 메시지를 보여준다. 여기서 [코드보기] 버튼을 선택하면 자바스크립트

(JavaScript) 형식의 코드를 확인할 수 있게 준다.

그림 2-6은 [고전미로게임] 6번 미션으로 반복구조의 코딩연습을 위한 것이다. [5번 반복]이 명령블록에 준비되어 있는데 이것을 작업영역으로 드래그 한 다음, 그 속에 [앞으로 이동] 명령코드를 넣으면 된다. 실행버튼을 누르면 앵그리버드가 5번 반복해서 앞으로 이동하여 나쁜돼지를 잡게 된다. 여기서 반복횟수는 그 숫자를 직접 입력하여 수정할 수 있다.

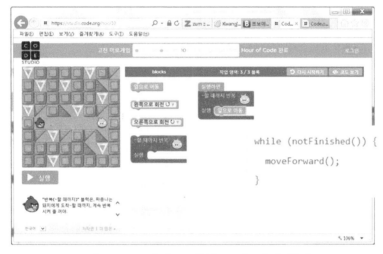

그림 2-7. 고전미로 게임 10번 미션 화면

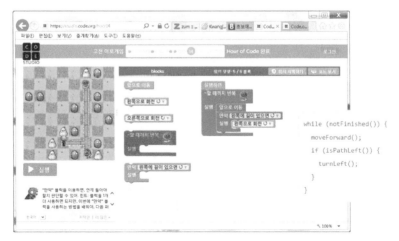

그림 2-8. 고전미로 게임 14번 미션 화면

그림 2-7은 [고전미로게임] 10번 미션으로 [~할 때까지 반복]하는 구조의 코딩
연습을 위한 것이다. [나쁜 돼지를 만날 때까지 반복]이 명령블록에 준비되어 있
는데 이것을 작업영역으로 드래그 한 다음, 그 속에 [앞으로 이동] 명령코드를 넣
으면 된다. 실행버튼을 누르면 앵그리버드가 나쁜돼지를 만날 때까지 반복해서
앞으로 이동하게 된다.

그림 2-8은 [고전미로게임] 14번 미션으로 [단순 조건(if)] 구조의 코딩연습을 위
한 것이다. [만약 왼쪽에 길이 있으면 실행]이 명령블록에 준비되어 있는데 작업
영역에 이미 틀이 잡혀있는 [~할 때까지 반복] 명령코드 속에 이미 [만약 왼쪽에
길이 있으면 실행] 명령코드가 자리 잡고 있는데 그 구조의 가운데 빈 곳 속으로
[왼쪽으로 회전] 명령코드를 넣으면 된다. 실행버튼을 누르면 좀비가 해바라기를
만날 때까지 앞으로 이동하게 되는데 만약 왼쪽에 길이 있으면 왼쪽으로 회전한
다음 앞으로 이동하게 된다.

그림 2-9는 [고전미로게임] 18번 미션으로 [분기조건(if~else)] 구조의 코딩연습
을 위한 것이다.

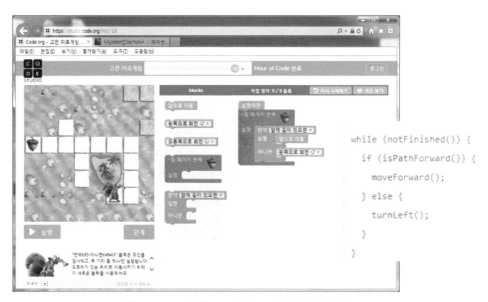

그림 2-9. 고전미로 게임 18번 미션 화면

[만약 앞에 길이 있으면 실행하는 부분과 아니면 실행하는 부분으로 분기]가 명령블록에 준비되어 있다. 여기서 하늘 다람쥐가 도토리를 주우려면 먼저 [도토리를 만날 때까지 반복]을 작업영역으로 드래그 하고 그 속에 [만약 앞에 길이 있으면(참) 실행하는 부분과 아니면(거짓) 실행하는 부분으로 분기]를 넣는다. 그리고 참 부분에 [앞으로 이동]을, 거짓 부분에 [왼쪽으로 회전] 명령코드를 넣으면 된다.

2.2 스크래치

스크래치(scatch)는 MIT 미디어랩의 Lifelong Kindergarten Group 에서 운영하는 프로젝트이며, 가상 프로그래밍 언어(a visual programming language)로서 게임 형태의 결과물을 누구나 쉽게 만들면서 프로그래밍 능력을 단계적으로 향상시킬 수 있게 한다. 고전미로 게임보다 더 향상되고 다양한 것을 제공한다.

또한 스프라이트라고 하는 여러 객체를 사용하여 사건 중심 프로그래밍(event-driven programming) 방식으로 자신만의 스토리, 게임, 애니메이션 등을 만들 수 있도록 해준다. 사건 중심 프로그래밍은 그래픽 사용자 인터페이스(GUI) 환경에서 아이콘으로 표시되는 특정 객체들에 대해 클릭(click)이나 더블 클릭과 같은 마우스를 조작 이벤트가 발생할 때 그 이벤트에 반응하는 명령문들이 실행되도록 프로그램을 작성하는 것을 말한다. 예를 들면, 왼쪽 마우스 버튼을 클릭할 때 음악이 나오게 한다든지 오른 쪽 마우스 버튼을 클릭하면 메뉴가 나온다든지, 특정 키를 누르면 객체가 이동하게 하는 것과 같이 마우스나 키보드 조작, 또는 특정시각이 되거나 특정 화면이 나올 때 이벤트가 발생하고 이에 따라 특정 기능을 수행할 수 있게 하는 것을 말한다. 이러한 기능을 제공하는 스크래치를 통해 자신만의 스토리나 게임, 애니메이션을 마치 게임하듯이 쉽게 만들 수 있다.

스크래치 사이트(https://scratch.mit.edu/)로 들어가서 [바로 시작하기]를 선택하면 그림 2-10과 같은 화면이 나온다. 왼쪽에는 [실행화면]이 나오고 가운데는 [명령블록]이 나오며 그 바로 오른쪽에는 명령코드가 조합되는 [작업영역], 즉 스크립트 영역이 나온다. 명령블록에 있는 명령코드를 드래그를 통해 가져와서 조합하는 영역에 해당된다. 그리고 선택적으로 맨 오른쪽 [도움화면]에 도움말 대화상자가 나와서 처음 스크래치를 사용하는 사람이 쉽게 스크래치를 이용할 수 있도록 간단한 예제를 따라해 볼 수 있도록 안내한다. 앞서 살펴본 코드닷오알지의 고전미로 게임보다는 훨씬 많은 명령코드들을 갖추고 있어서 이들을 잘 조합하면 보다 복잡다양하고 재미있는 콘텐츠를 만들 수 있고 이러한 과정에서 재미있게 프로그래밍 연습을 할 수 있다.

스크래치의 실행화면에는 스프라이트(sprite)라고 하는 객체가 표시되며 명령블록에는 그 스프라이트가 수행할 수 있는 기능들을 모아둔 [스크립트], 그 스프라이트가 변화하는 모습을 담고 있는 [모양], 그 스프라이트가 내는 소리를 담고 있는 [소리] 등의 탭을 가지고 있다. 특히 스크립트 탭에는 동작, 형태, 소리, 펜, 데이터, 이벤트, 제어, 관찰, 연산, 추가 블록 등의 종류별로 각각의 명령코드들을 다양하게 갖추고 있다. 그리고 실행화면에 제시되는 스프라이트라고 하는 객체도 하나만 사용할 수 있는 것이 아니고 필요에 따라 그림 2-10의 도움화면에 고양이 외에도 댄서(dancer)가 나온 것처럼 다른 스프라이트를 추가시킬 수 있다. 댄서라는 스프라이트가 추가되면 댄서에 대한 기능을 명령블록에서 명령코드를 선택하여 추가시킬 수 있다. 이를 통해서 다양한 스프라이트라고 하는 객체를 추가시키고 그들이 상호작용하게 함으로써 보다 유용한 콘텐츠를 만들 수 있다.

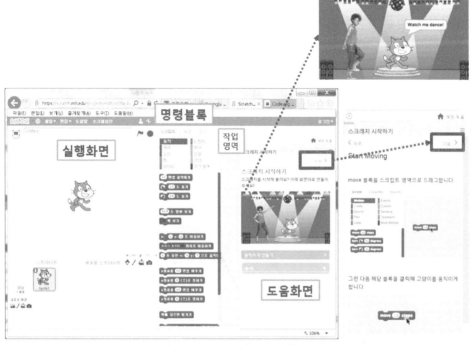

그림 2-10. 스크래치 시작 화면

스크래치에서는 스크래치를 보다 쉽게 익힐 수 있도록 [스크래치 시작하기] 예제를 도움말 형태로 제공하여 어떻게 스프라이트를 추가시키고 그들의 명령코드를 어떻게 조합하여 원하는 결과를 얻을 수 있는지를 배울 수 있도록 도움을 준다. 그림 2-10의 도움화면 우측 상단 '시작' 버튼을 누르면 제시하는 결과를 어떻게 만드는지에 대해 단계별로 안내를 제시하며 단계를 넘어갈 때마다 '다음'이라는 버튼을 누르면 되게 구성되어 있다. 각 단계별로 따라해야 할 과정들이 명령코드 선택과 조합 위주로 비교적 자세하게 설명되어 있어서, 그대로 따라하면 쉽게 프로그래밍 경험을 맛볼 수 있고 이를 통해서 프로그래밍의 기초능력을 기를 수 있게 하였다.

그림 2-10의 [스크래치 시작하기] 예제에서 '시작' 버튼을 누르면 맨 오른쪽 호면과 같이 'Start Moving' 단계가 나오고 'move 블록을 스크립트 영역으로 드래그(drag) 합니다.' 라는 설명대로 가운데 명령블록의 스크립트(script)탭의 동작(Motion) 그룹에 있는 'move (10) steps'[(10) 만큼 움직이기] 블록을 그대로 드래

그하여 작업영역(스크립트 영역)으로 가져오면 1단계가 완료된다. 여기서 해당 명령블록을 더블 클릭하면 실행결과를 확인할 수 있다.

이어서 '다음' 버튼을 누르면 그림 2-11와 같이 '소리 추가하기' 단계가 나오고 이어서 '춤추게 만들기' 단계가 나온다. 소리 추가는 소리(Sound) 그룹에서 'play drum (1) for (0.25) beats' [(1)번 타악기를 (0.25) 박자로 연주하기] 블록을 드래 그하여 조합시키면 실행할 때 앞으로 이동하면서 1번 타악기인 스내어 드럼 (Snare Drum) 소리를 1/4박자로 연주하는 것을 확인할 수 있다.

그림 2-11. 소리 추가하기와 춤추게 만들기 단계

그리고 '춤추게 만들기'는 앞에서 조합해놓은 것에 이어서 'move (10) steps'[(10) 만큼 움직이기] 블록을 추가하고 10 대신에 -10으로 수정하면 뒤로 10 만큼 이동하게 만든다. 아울러 다시 한 번 'play drum (1) for (0.25) beats'[(1)번 타악기를 (0.25) 박자로 연주하기] 블록을 드래그하여 조합한 다음 1번 악기를 4번 'Crash Cymbal'[크래시 심벌]로 수정하여 크래시 심벌 소리가 나게 조정한다. 이제까지 조합한 명령블록을 실행해보면 고양이(Sprite1)가 앞으로 10 만큼 이동하면서 1번 타악기 스내어 드럼(Snare Drum) 소리를 1/4(0.25) 박자로 연주하고, 다시 뒤로 10 만큼 이동하면서 4번 크래시 심볼 소리를 1/4(0.25) 박자로 연주하는 것을 확인할 수 있다.

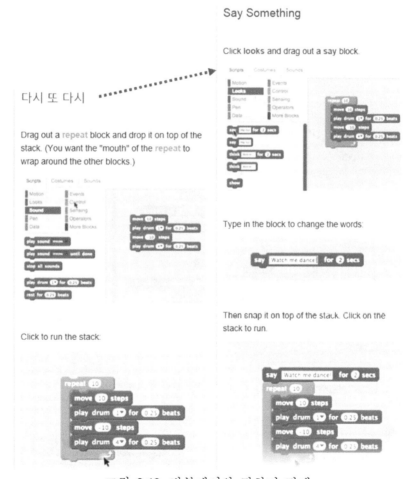

그림 2-12. 반복제어와 말하기 단계

그 다음으로 그림 2-12와 같이 'repeat' 명령코드를 통해서 반복 제어를 시험할 수 있는 '다시 또 다시' 단계가 나오고 이어서 말하기를 추상화하여 메시지 형태로 나타내는 'Say Something' 단계가 나온다. 반복 제어는 제어(Control) 그룹의 명령블록에서 'repeat (10)'[(10)회 반복하기] 블록을 드래그하여 지금까지 조합해 놓은 명령블록들을 안으로 감싸듯이 조합하면 된다. 그러면 내부의 명령블록들이 실행할 때 10번 반복되는 효과를 거두게 된다. 따라서 고양이 스프라이트는 앞으로 이동하면서 스내어 드럼(Snare Drum) 소리를 내고 다시 원위치로 이동하면서 크래시 심벌 소리를 내는 것을 10번 반복하게 된다.

색 바꾸기

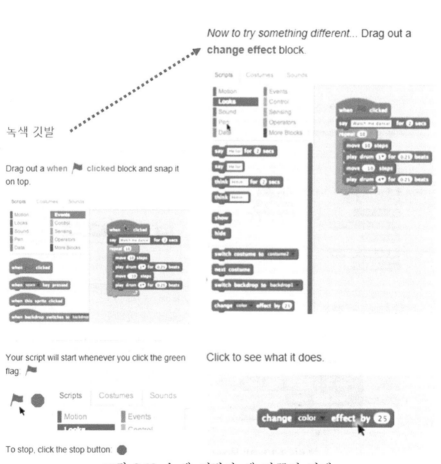

그림 2-13. 녹색 깃발과 색 바꾸기 단계

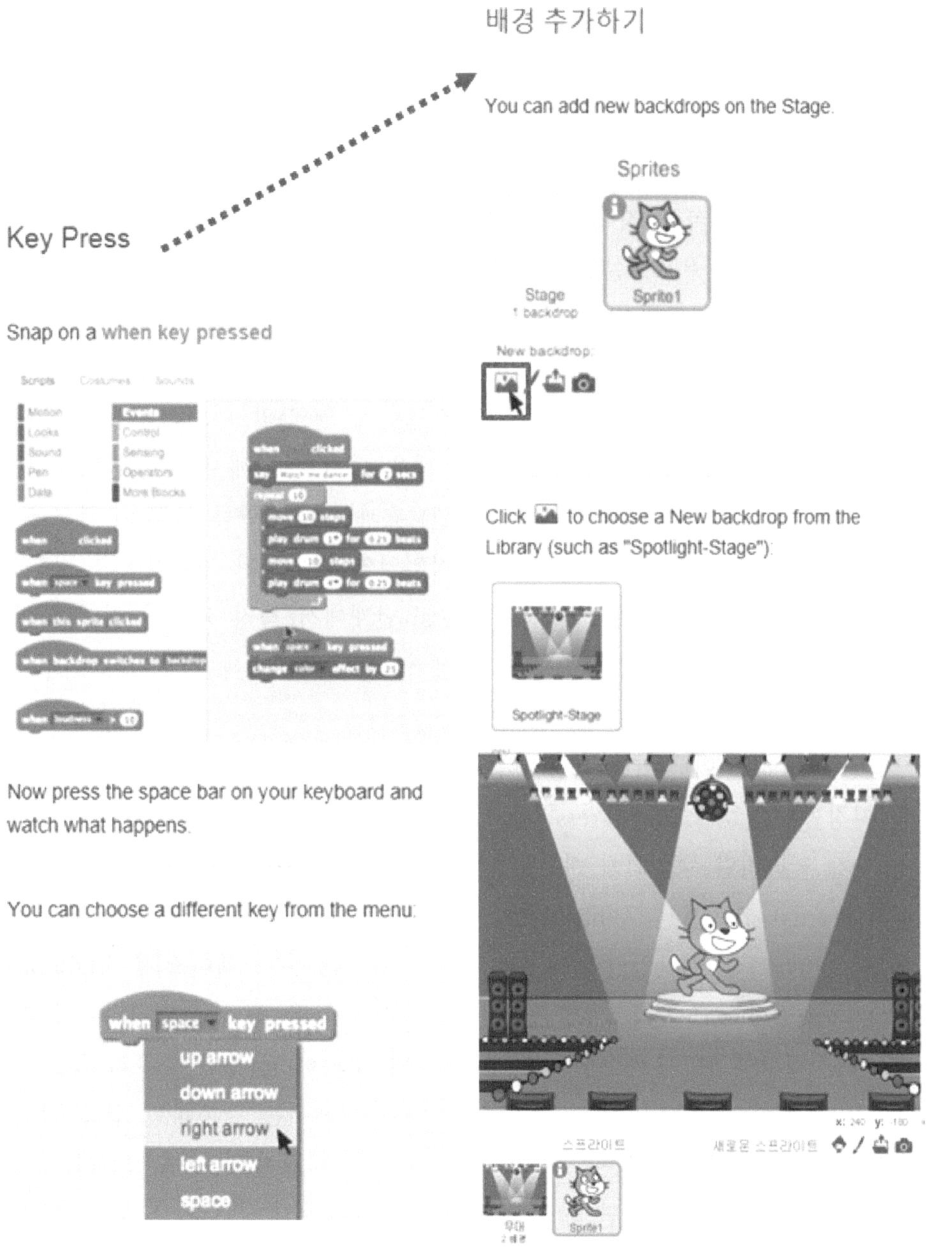

배경 추가하기

You can add new backdrops on the Stage.

Sprites

Stage
1 backdrop

Sprite1

New backdrop:

Key Press

Snap on a when key pressed

Scripts   Costumes   Sounds

Motion	Events
Looks	Control
Sound	Sensing
Pen	Operators
Data	More Blocks

when [ ] clicked

when space key pressed

when this sprite clicked

when backdrop switches to backdrop

when loudness > 10

when [ ] clicked
key [Match the Dance] for 2 secs
repeat 10
  move 10 steps
  play drum 1 for 0.25 beats
  move 10 steps
  play drum 2 for 0.25 beats

when space key pressed
change color effect by 25

Click 🖼 to choose a New backdrop from the Library (such as "Spotlight-Stage"):

Spotlight-Stage

Now press the space bar on your keyboard and watch what happens.

You can choose a different key from the menu:

when space key pressed
up arrow
down arrow
right arrow
left arrow
space

x: 240 y: -180

스프라이트   새로운 스프라이트 ♣ / 📷 📷

무대
2 배경   Sprite1

그림 2-14. Key Press 및 배경 추가하기 단계

이어서 나오는 'Say Something'에서는 말하는 것을 나타내는 것으로 형태

(Looks) 그룹에서 'Say (Hello!)'[(Hello!) 말하기] 블록을 선택하여 드래그한 다음 'Hello!' 메시지를 'Watch me dance!'로 바꾸면 실행할 때 'Watch me dance!'가 나오게 된다. 이것의 위치는 맨 앞으로 하여 일단 메시지가 나오고 그 다음에 10번 반복하여 앞뒤로 소리를 내면서 움직이는 결과가 나오게 한다.

그 다음으로 그림 2-13과 같이 이벤트 부분에서 녹색 깃발을 클릭하여 시작할 수 있게 만드는 '녹색 깃발' 단계, 이어서 스프라이트의 색을 바꿀 수 있는 '색 바꾸기' 단계가 나온다. 실행화면 우측상단의 녹색 깃발은 '실행', 빨간 원은 '실행 중지' 버튼에 해당된다. 빨간 원은 그대로 '실행 중지' 기능을 수행하지만, 녹색 깃발은 명령블록의 이벤트(Events) 그룹의 'When (녹색 깃발) clicked'[(녹색 깃발) 클릭했을 때] 블록을 작업 영역(스크립트 영역)의 맨 앞에 놓아야 제대로 실행한다. 고양이(Sprite1) 스프라이트의 색을 바꾸기 위해서는 형태(Looks) 그룹에서 'Change (color) effect by (25)'[(색깔) 효과를 (25) 만큼 바꾸기] 블록을 선택하여 드래그하면 된다. 여기서는 일단 작업영역의 조합된 명령블록과 별도의 위치에 놓고 그림 2-14에 나오는 'Key Press' 단계에서 특정 키가 눌러지면 이벤트가 발생하는 것을 이용하여 오른쪽 방향키가 눌러지면 색 바꾸기가 이루어지게 한다.

그림 2-14에는 이벤트(Events) 그룹을 통해 특정 키가 눌러졌을 때 수행되는 것을 지정할 수 있는 'Key Press' 단계, 이어서 '배경 추가하기' 단계가 나온다. 특정 키가 눌러지면 수행되게 하기 위해서는 키 이벤트를 지정하면 되는데 일단 이벤트(Events) 그룹에서 'When (space) key pressed'[(스페이스) 키를 눌렀을 때] 블록을 드래그하여 작업영역으로 가져온 다음 'space'[스페이스]를 'right arrow'[오른쪽 화살표]로 변경하고 앞서 별도로 가져다 놓은 색 바꾸기 블록 앞에 붙이게 되면 실행할 때 오른쪽 방향키를 누르면 고양이(Sprite1) 스프라이트의 색이 일정하게 25씩 변하게 된다. 배경을 추가하기 위해서는 실행화면 왼쪽 아래쪽의 새로운 배경 왼쪽 아이콘을 선택하면 다양한 배경이 나오게 되는데 여기서 'spotlight-stage'를 선택하면 해당 배경이 실행화면에 표시된다. 필요에 따라 고양이(Sprite1) 위치를 배경의 스테이지 중앙에 오도록 드래그를 통해 조정한다.

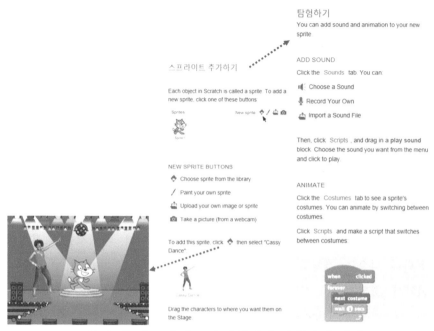

그림 2-15. 스프라이트 추가하기와 탐험하기 단계

그 다음으로 그림 2-15과 같이 캐시 댄스(Cassy Dance) 스프라이트를 추가하는 '스프라이트 추가하기' 단계, 이어서 '탐험하기' 단계가 나온다. 현재 고양이 (Sprite1) 스프라이트에 캐시 댄스(Cassy Dance) 스프라이트를 추가하려면 실행화 면 아래쪽에 새로운 스프라이트 추가 버튼을 선택하면 다양한 스프라이트를 선택 할 수 있는 화면이 나오는데 여기서 'Cassy Dance'를 더블클릭하면 실행화면에 나타나게 된다. 캐시 댄스(Cassy Dance) 스프라이트의 위치를 조정하려면 간단히 드래그하면 된다.

탐험하기 단계는 선택된 스프라이트의 소리를 선택하거나 가져올 수 있는 'ADD SOUND', 스프라이트의 움직임을 조정할 수 있는 'ANIMATE' 등으로 이루어져 있다. '모양' 탭을 선택하면 댄서의 움직임을 구성하는 각각의 정지영상이 나오므로 이들을 확인하거나 편집할 수 있다. '소리' 탭을 클릭하면 현재 스프라 이트로 선택되어 있는 캐시 댄스(Cassy Dance)의 소리정보를 알려주고 필요에 따라 편집할 수 있게 해준다. 현재 설정된 캐시 댄스의 소리는 'pop'인데 이를 바꾸기 위해 왼쪽의 스피커 아이콘(저장소에서 소리 선택)을 클릭할 때 나오는 여러 소리 파일 중에서 하나를 선택하여 소리 확인 후 더블 클릭하면 새로운 캐시 댄스 스프라이트의 소리로 설정된다. 만약 새로운 소리로 'dance magic'을 선택했다면, 이 소리가 나오도록 스크립트 탭에서 소리 그룹을 선택하면 '(dance magic) 재생하기'라는 블록이 나타나고 이를 드래그하여 작업영역(스크립트 영역)으로 가져오면 실행결과를 확인할 수 있다. 기왕이면 이 명령블록 앞에 이벤트 그룹의 '이 스프라이트를 클릭했을 때'라는 블록을 앞에 놓아 조합시켜두면 실행 중에 캐시 댄스(Cassy Dance) 스프라이트를 클릭할 때 곧바로 해당 소리가 나오는 것을 확인할 수 있다.

캐시 댄스(Cassy Dance) 스프라이트의 모양을 바꾸려면 형태(Looks) 그룹에서 'next costume'[다른 모양으로 바꾸기]를 추가하면 된다. 여기서는 그림 2-15 오른쪽 하단에 나오는 것처럼 'next costume'[다른 모양으로 바꾸기]가 'forever'[무한 반복]되게 하되 'wait (1) secs'[(1)초 기다리기] 간격을 두고 변화하되 이것이 'When (녹색 깃발) clicked'[(녹색 깃발) 클릭했을 때] 블록에 의해 수행되게 하도록 유도한다. 'forever'[무한 반복] 블록과 'wait (1) secs'[(1)초 기다리기] 블록은 제어(Control) 그룹에서 선택하면 된다. 무한 반복 수행되는 것은 '정지' 버튼을 클릭해야만 강제로 실행을 중단시킬 수 있다.

연습문제 2

[기초문제]

※ 다음 글을 읽고 빈 칸에 가장 알맞은 말을 넣으시오.

1. 코드닷오알지(https://code.org/)는 2012년에 설립된 비영리단체로, (   )을 연습할 수 있는 장을 제공해주는 사이트이다. 몇 가지 예제를 주고 그대로 따라하는 도구를 제공하여 마치 게임 하듯 프로그래밍 원리를 익힐 수 있도록 도와준다. 명령코드에 해당되는 (   )을 드래그로 조합하여 일단 원하는 결과를 만들게 하고 그 소스를 확인하고 이해하게 하고, 아이폰 앱, 3D게임, 가상로봇 만들기도 체험할 수 있는 코딩연습 사이트이다.

2. 코드닷오알지의 (   )은 앵그리버드, 좀비, 다람쥐가 미로에서 이동하거나 회전하여 목표에 도달하게 하는 것을 유도하는 것이다. 앵그리버드는 나쁜 돼지를 잡고, 좀비는 (   )를, 하늘다람쥐는 도토리를 먹는 것을 목표로 가지고 있다.

3. (   )는 MIT 미디어랩의 Lifelong Kindergarten Group 에서 운영하는 프로젝트이며, 가상 프로그래밍 언어(a visual programming language)로서 게임 형태의 결과물을 누구나 쉽게 만들면서 (   ) 능력을 단계적으로 향상시킬 수 있게 한다. 고전미로 게임보다 더 향상되고 다양한 것을 제공긴다.

4. 스크래치(scatch)는 (   )라고 하는 여러 객체를 사용하여 사건 중심 프로그래밍(event-driven programming) 방식으로 자신만의 스토리, 게임, 애니매이션 등을 만들 수 있도록 해준다.

5. 사건 중심 프로그래밍은 그래픽 사용자 인터페이스(GUI) 환경에서 아이콘으로 표시되는 특정 (   )들에 대해 클릭(click)이나 더블 클릭과 같은 마우스를 조작 이벤트가 발생할 때 그 이벤트에 반응하는 (   )들이 실행되도록 프로그램을 작성하는 것을 말한다.

[심화문제]

1. [스크래치 시작하기] 예제를 완성한 후, 새로운 스프라이트 'Breakdancer1'을 추가시킨 다음, 이것이 다른 모양으로 바뀌는 것을 녹색 깃발이 클릭되었을 때 이루어지도록 아래 그림을 참조하여 만드시오.

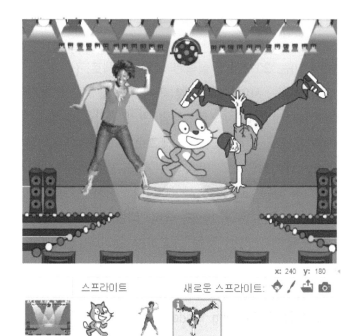

제3장
파이썬 맛보기

파이썬(Python)은 프로그래밍을 하는데 사용하는 인간중심의 고급 프로그래밍 언어 중의 하나이다. 컴퓨터 CPU 구조와 CPU를 동작시키는 인스트럭션 (instruction)에 대해 잘 알아야 프로그래밍을 할 수 있는 저급언어에 비해 고급언어는 해결하고자 하는 문제를 중심으로 명령문을 구성하여 프로그래밍을 할 수 있게 도와주므로, 컴퓨터 기계구조에 대해 잘몰라도 문제를 잘 분석하면 프로그램을 보다 쉽게 잘 작성할 수 있도록 해준다. 고급언어에 속하는 파이썬은 비교적 최근에 개발된 프로그래밍 언어로서 자료와 정보를 표현하는 자료구조가 풍부하고 비교적 쉬운 문법구조를 가지고 있어서 배우기 용이하여 파이썬으로 명령을 주어 컴퓨터를 동작시키는 것을 쉽게 구현할 수 있으므로 컴퓨터로 문제를 해결하는 방법도 쉽게 배울 수 있다. 파이썬을 처음 접하는 이들은 파이썬이 어렵게 느껴질 수 있지만 여기서 제시하고 시범 보이는 대로 그대로 따라하면 어렵지 않게 배울 수 있다.

3.1 파이썬 소개 및 실행준비

1) 파이썬 소개

파이썬(Python)은 1991년에 발표된 프로그래밍 언어로서 네델란드의 귀도 반 로섬(Guido Van Rossum)이 주도한 스크립트 언어용 인터프리터 개발 프로젝트 명으로, 즐겨보았던 영국 BBC 'Monty Python's Flying Circus'라는 코메디 프로그램에서 파이썬(Python)이라는 말을 인용한 것이다. 원래 파이썬(Python)이라는 말은 독이 없고 먹이를 몸으로 압사시키는 큰 뱀을 뜻하며, 그리스 신화에서 아폴론에 의해 죽은 뱀의 이름이기도 하다.

파이썬 언어는 간단하고 쉬운 문법구조를 가지고 있으면서도 고수준의 자료형을 제공하고 유연성과 가독성이 뛰어나서 초보자라도 쉽게 배울 수 있고 전문가도 개발시간을 단축하여 생산성을 향상시킬 수 있는 프로그래밍 도구로 널리 사용되고 있다. 현재 비영리 단체 '파이썬 소프트웨어 재단'에서 관리하고 있고 누구나 무료로 설치하여 사용할 수 있다.

파이썬 언어는 간략한 표현이 가능한 설계철학이 돋보이며, 플랫폼(platform) 독립적이므로 유연성과 확장성이 뛰어나서 아이디어를 쉽고 빠르게 코딩할 수 있다. C/C++에 비해 실행속도가 느리지만 C/C++로 쉽게 확장하는 것이 가능하므로 일단 파이썬 형태로 쉽게 빠르게 작성하고 C/C++형태로 빠르게 실행시키는 것이 가능하다.

2) 파이썬 실행 준비

파이썬(Python)을 실행하기 위해서는 일단 파이썬을 다운로드(download)하여 설치해야 한다. 파이썬 사이트(www.python.org)의 'Downloads' 메뉴에서 부록 A와 같이 윈도우즈(Windows) 환경에 맞는 최신의 파이썬을 다운로드하여 설치한다. 파이썬 설치가 완료되어 실행준비가 되면 대화식이나 일괄식으로 파이썬을 실행할 수 있다. 윈도우즈 환경에서 파이썬을 실행하려면 [시작단추][모든 프로그램][Python 3.x][IDLE Python 3.x 32-bit]를 선택하여 'Python 3.x Shell'이 나올 때, '>>>' 프롬프트에서 파이썬 명령을 입력하면 바로 명령을 번역하여 그 의미대로 실행하게 되고 만약 결과가 보이게 하는 것이라면 바로 확인할 수 있다. 이러한 실행 방식이 대화식이다. 그리고 [File][New File] 메뉴를 선택하면 'Untitled'라는 제목의 새로운 창이 나오는데 여기에 여러 개의 파이썬 명령문을 한꺼번에 입력하고 [File][Save] 메뉴에 의해 저장한 다음, [Run][Run Module] 메뉴를 통해 파이썬 명령문들을 맨 앞에서부터 차례로 하나씩 번역 후 실행할 수 있다. 이러한 실행방식을 일괄식 또는 스크립트 방식이라고 한다.

3.2 파이썬 프로그램 맛보기

파이썬은 실행방식에 따라 크게 대화식과 일괄식으로 구분하고, 실행 환경에 따라 TUI 환경과 GUI 환경으로 구분할 수 있다. TUI(Text User Interface)는 명령줄에서 글자 중심으로 명령문을 입력하고 실행하는 환경을 말하고, GUI(Graphic User Interface)는 파이썬 통합 개발 환경인 IDLE(Integrated DeveLopment Environment)에서 마우스를 사용하여 아이콘이나 메뉴를 선택하여 실행하는 환경을 말한다. 파이썬 실행을 그 실행환경과 실행방식에 따라 정리하면 표 3-1과 같이 TUI-대화식, TUI-일괄식, GUI-대화식, GUI-일괄식으로 구분할 수 있다. 어떠한 방식이든지 파이썬 명령문은 들여쓰기에 따라 그 의미가 달라지므로 반드시 첫 번째 열부터 입력해야 한다. 표 3-1은 파이썬 실행방식과 실행환경에 따라 구분한 것을 나타낸 것이다.

표 3-1. 파이썬 실행 구분

방식 환경	대화식	일괄식
TUI	-[모든프로그램][Python3.x][Python3.x(32bit)]를 선택하거나 [명령프롬프트]에서 >python을 입력하면 파이썬윈도우가 나옴 -파이썬윈도우에서 명령문 입력과 동시에 번역 및 실행	-[메모장]에서 작성(UTF-8) -명령프롬프트에서 >python 파일명.py
GUI	-[모든프로그램][Python3.x][IDLE Python3.x(32bit)] -파이썬 쉘 윈도우(Python Shell Window)에서 명령문 입력과 동시에 번역 및 실행	-IDLE의 Shell Window에서 [File][New File] 메뉴를 선택하면 스크립트 윈도우 나옴 -스크립트 윈도우에서 작성 -[Run][Run Module] (F5)

그림 A-4는 TUI-대화식에 해당되는 것으로서 운영체제의 명령프롬프트 '>'이 나올 때 파이썬 실행파일을 지칭하는 'python'을 입력하면, 파이썬 설치가 제대로 되어서 해당위치에 대한 경로(PATH)가 설정되어 있는 경우에 파이썬 실행환경으로 들어가서 파이썬 쉘(shell) 프롬프트(prompt)인 '>>>'이 나온다. 여기에 직접 파이썬 명령문을 1개 입력하여 엔터(Enter)키를 누르면 바로 번역되어 실행되고 만약 그 결과가 표준 출력되는 것이라면 바로 나타나게 된다.

그림 3-1은 GUI-대화식에 해당되는 것으로서, 파이썬의 IDLE 실행을 통해서 파이썬 실행환경으로 들어가면 파이썬 쉘 윈도우 속의 대화식 프롬프트(prompt) '>>>'이 나오고 명령문을 입력할 것을 촉구하는 커서(cursor)가 나온다. 여기서 그림 3-1과 같이 먼저 상수에 해당되는 정수 3을 입력하거나 문자열 'I love you.'을 입력하면 그대로 출력되어 나타나게 된다. 그리고 a = 3, msg = 'I love you.'와 같은 치환문을 입력하면, 아무 반응이 나타나지 않는다. 이 경우에는 각각 a라는 변수에는 3이, msg라는 변수에는 'I love you.'가 들어가게 된다. 이를 확인하려면 a, msg와 같이 입력하거나 print(a), print(msg), 또는 print(a, msg)와 같이 명령문을 입력하면 그 내용에 해당되는 데이터값이 출력된다. 그리고 계속해서 5 * a와 같이 연산식 형태로 입력하면 먼저 a에 들어있는 값을 읽어서 5와 곱하기를 한 결과를 출력하게 된다. 따라서 5 + a와 같이 명령을 주면 8이 출력되게 된다.

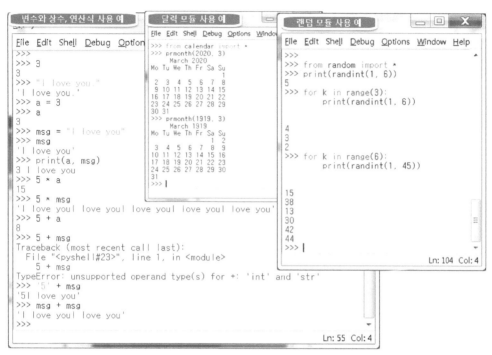

그림 3-1. 파이썬 IDLE 대화식 실행 예

    그런데 만약 5 + msg와 같이 명령을 주면 5는 정수형 상수이고 msg는 문자형 변수이어서 자료형이 다르므로 에러(error)가 발생하므로 필요에 따라 연산되는 자료형이 일치되도록 미리 변환시켜서 불일치가 발생하지 않도록 하는 주의가 필요하다. 그럼에도 불구하고 5 * msg의 경우에는 자료형이 일치하지 않아도 에러가 발행하지 않는다. 이것은 '*'의 의미가 msg에 들어있는 문자열 'I love you.'를 5번 반복하여 붙이는 뜻으로 사용된 것으로 단순한 사칙연산 범위를 뛰어넘은 의미로 달리 사용된 것으로 볼 수 있다. msg + msg의 경우도 +가 사칙연산 범위를 뛰어넘은 의미로 두 개의 문자열을 붙이는 의미로 사용된 것이다.

    그림 3-1 가운데에 나오는 달력(calendar)은 처음부터 프로그래밍을 통해 작성해서 나온 것이 아니고 이미 모듈 형태로 만들어 놓은 것을 가져다가 쓴 것이다. 이를 가능하게 하는 달력 모듈을 사용하려면 'from calendar import *'와 같이 하여 calendar 모듈에 정의되어 있는 변수나 함수를 가져다가 사용하겠다고 미리

명령을 해두어야 한다. 이는 마치 자동차가 없는 사람이 어디를 갈 때 걸어가야 했는데 자동차라는 도구내지는 수단이 생겨서 쉽게 갈 수 있는 것과 유사하다. 물론 자동차를 운전하기 위해서는 운전방법을 알아야 하는 것처럼 모듈 사용법을 알아야 하는데 파이썬에서는 해당 모듈에 어떤 기능이 있는지를 미리 알아두고 그 형식대로 사용하면 된다.

calendar 모듈에 prmonth()라는 함수가 있는데 여기에 년도와 월을 매개변수로 입력하면 해당 달력을 출력해준다. 그림 3-1에는 2020년 3월 달력과 1919년 3월 달력이 출력되는 것을 나타내고 있다. 이와 비슷하게 임의의 숫자를 제멋대로 발생시켜 나오게 해주는 random이라는 모듈이 있는데 이것은 'from random import *'와 같이 미리 명령을 내려두면 유용하게 사용할 수 있다. 이것에 의해 사용가능한 randint() 함수는 정수 난수를 발생시키는 함수이며 randint(1, 6)은 1에서 6까지 정수 중에 하나를 발생시키는 것으로 마치 주사위를 던지는 것 같은 흉내를 낼 수 있도록 추상화한 것이다. print()함수에 의해 발생된 난수가 출력되게 하는데 이는 'for k in range(3):'에 의해 3번 반복되어 나타나게 된다.

파이썬에서 for는 단순 반복문에 해당되는 것으로 range(3)에 의해 0에서 2까지 3번 변하는 것을 k를 매개로 수행하게 하는 것이다. 이 때 반복수행되는 명령문은 반드시 안으로 들여쓰기가 되어야 한다. 파이썬의 경우 명령문 입력위치가 중요한 언어로서 모든 명령문은 반드시 첫 번째 열부터 입력되어야 하고 특정 명령문에 속하는 명령문들은 반드시 그 안에 들여쓰기가 되어야 한다. 그렇치 않으면 에러가 발생하므로 주의해야 한다. for문을 입력할 때 끝 부분에 콜론(:)을 입력하는데 :을 입력하고 엔터키를 누르면 자동으로 들여쓰기가 되게 안으로 커서가 위치하게 된다. 여기에 for에 속하여 반복 수행할 명령문을 입력하면 된다. 만약 더 이상 반복 수행할 명령이 없어서 독립된 새로운 명령문을 입력하고자 하면 대화식에서는 엔터키를 한 번 더 누르고, 일괄식에서는 백스페이스(backspace)를 누르면 이전 열 위치로 가게 된다.

다음에 나오는 randint(1, 45)를 'for k in range(6):'에 의해 6번 반복하게 하는 것은 로또번호를 발생시키는 것을 추상화한 것이다.

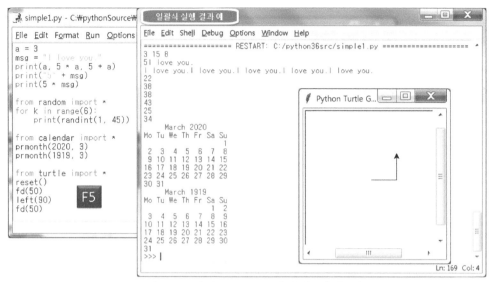

그림 3-2. 파이썬 IDLE 일괄식 실행 예

그림 3-2는 GUI-일괄식에 해당되는 것으로 파이썬의 IDLE 실행하면 나오는 파이썬 셀(shell) 창에서 [File][New File] 메뉴를 선택하여 새로운 스크립트 창이 나오게 하고 여기에 파이썬 명령문 원시코드를 입력한 다음, [File][Save]메뉴를 통해 파일명을 부여하여 저장한다. 이렇게 작성된 파이썬 원시프로그램을 실행시키기 위해서는 [Run][Run module] 메뉴를 선택하거나 단축키 F5를 누르면 된다.

일괄식 실행방식은 파이썬이 인터프리터 방식의 프로그래밍 언어이므로 세부적으로는 명령문 하나하나 번역과 동시에 실행되어 나가지만 특정 문제를 해결하거나 특정 목적을 위해 필요한 명령문들이 하나의 파일명으로 계획적으로 모아져 있는 형태로 가장 일반적인 실행방식이다.

파이썬 프로그램을 일괄식으로 실행하는 또 다른 방법은 TUI-일괄식에 해당되는 것으로서, 그림 3-3과 같이 일단 파이썬 원시프로그램을 윈도우즈 환경의 메모장에 입력하고 파이썬 확장자 '.py' 형식으로 프로그램 작성하여 윈도우탐색키에서 더블 클릭으로 실행시키는 것이다. 여기서는 주의할 사항은 입력할 때 들여쓰기가 필요한 경우 자동으로 되지 않으므로 알아서 일정한 간격으로 들여쓰기를 해야 한다는 것과 저장할 때 인코딩 방식은 'UTF-8'으로 자동으로 정해지지 않으므로 수동으로 지정해 주어야 한다는 것이다.

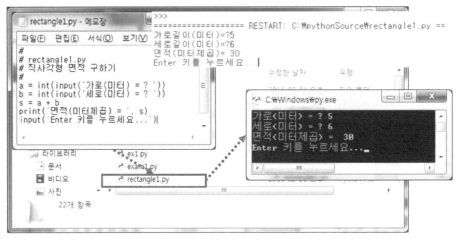

그림 3-3. 파이썬 메모장 일괄식 윈도우즈 탐색키 실행 예

파이썬 원시프로그램을 일괄식으로 실행하기 위해 IDLE에서 원시코드를 스크립트 형태로 작성하여 저장하든, 메모장에서 작성하여 '.py' 확장자로 저장하든 윈도우즈 운영체제의 명령프롬프트에서 'python' 명령에 의해 그림 3-4와 같이 실행할 수 있다. 윈도우즈의 명령프롬프트는 [시작단추][모든 프로그램][보조프로그램][명령프롬프트] 메뉴를 선택하면 나온다.

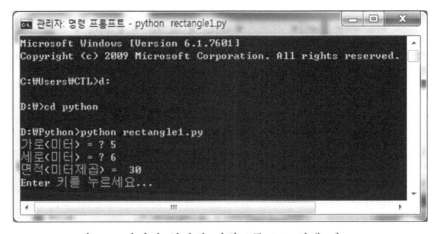

그림 3-4. 파이썬 일괄식 명령프롬프트 실행 예

연습문제 3

[기초문제]

※ 다음 글을 읽고 빈 칸에 가장 알맞은 말을 넣으시오.

1. Python 프로그램 실행방식은 실행환경에 따라 명령줄 글자 중심의 인터페이스에서 실행하는 (   ) 환경과 Python IDLE에서 마우스도 사용 가능한 (   ) 환경으로 구분하고, 실행방식에 따라 구분하면 (   )은 명령을 입력하고 Enter를 누른 즉시 실행결과를 얻는 방식이고, (   )은 스크립트 파일에 명령문을 입력해두고 한꺼번에 실행하는 방식이다.

2. Python 명령문은 반드시 (   )번째 열부터 입력해야 하는데, 이는 (   )에 따라 의미가 달라지기 때문이므로 유의해야 한다. 특히 어떤 명령문에 종속되는 추가적인 명령문은 (   )를 하여 그 입력 위치가 구분되게 해야 한다.

3. 파이썬 실행방식 중 (   )은 1234567*7654321과 같은 연산식의 경우 셀 창의 '>>>' 프롬프트에서 직접 입력하고 그 결과를 바로 볼 수 있지만, (   )에서는 일단 새로운 파일을 열어서 프롬프트가 없는 줄의 첫 번째 칸에서 (   )(1234567*7654321)과 같이 작성하여 저장하고 실행명령을 통해 결과를 확인할 수 있디.

4. Python IDLE에서 일괄식으로 프로그램을 작성하려면 스크립트 파일을 생성해야 하는데 이것은 Python Shell 윈도우에서 (   ) - New Window 메뉴를 선택하여 새로운 스크립트 윈도우가 나오게 해야 한다.

5. Python IDLE 의 스크립트 윈도우에서 일괄식으로 작성된 프로그램을 실행하려면 (   )-Run Module 메뉴를 선택하거나 (   ) 키를 누르면 된다.

[심화문제]

1. 그림 3-1과 그림 A-5을 그대로 따라 해보시오.

2. 그림 3-2와 그림 A-6을 그대로 따라 해보시오.

3. 그림 3-3을 그대로 따라 해보시오.

4. 그림 3-4를 그대로 따라 해보시오.

제4장
파이썬 기초

컴퓨터는 입력장치를 통해 데이터와 프로그램을 입력받아 필요에 따라 보조기억장치에 파일형태로 저장해두고 프로그램을 실행시켜서 프로그램의 각 명령문에 의해 가공하여 정보를 만들고 출력장치를 통해 정보를 출력해내는 작동원리를 가지고 있다. 여기서 가장 핵심이 되는 프로그램은 컴퓨터를 동작시키는 명령문들이 계획적으로 모아져 있는 것으로 제어장치에 의해 하나씩 꺼내져서 변역되어 각 장치를 제어하는 제어신호로 변하게 된다. 컴퓨터를 동작시키는 핵심에 해당되는 프로그램은 메모리의 프로그램 영역에 보관되고 제어장치에 의해 프로그램의 각 명령문들이 하나씩 꺼내져서 실행될 때 사용하는 기억장소에 해당되는 데이터 영역이 있는데 여기에 데이터가 정보로 변하는 과정에서 초기입력값, 중간결과값, 최종결과값 등이 보관된다. 메모리의 데이터 영역에서 데이터를 담을 수 있는 그릇과 같은 역할을 하는 것을 데이터 객체라고 하는데 이 중에서 그 값이 변할 수 있는 데이터 객체를 변수라 한다. 즉 변수는 변할 수 있는 데이터값을 갖는 기억장소라 할 수 있다. 파이썬 변수는 그 안에 어떤 데이터값이 보관되느냐에 따라 그 자료형이 정해지고 그것이 어떤 자료형이냐에 따라 연산방식까지 결정된다. 파이썬 치환문은 연산방식을 지정하여 그 결과값이 변수에 할당되도록 만드는 명령문이다. 파이썬 기초로서 파이썬 변수와 자료형, 연산자와 치환문에 대해 살펴보고자 한다.

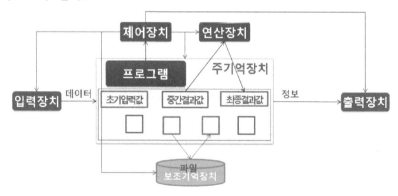

4.1 파이썬 변수와 기본자료형

컴퓨터 메모리(주기억장치)에는 프로그램 영역과 데이터 영역이 있다. 프로그램이 실행될 때 데이터 영역이 사용되며, 그 곳에는 초기입력값, 중간결과값, 최종결과값 등이 보관되는 영역이외에도 임시 기억장소, 수명기간 동안 변하지 않아야 하는 값이 보관되는 곳 등 수많은 영역이 사용되는데 이들을 통틀어 데이터 객체라고 한다. 이러한 데이터 객체는 보관되는 데이터값의 자료형에 따라 다른 성격을 가지게 된다. 한마디로 여기서는 파이썬 변수에 의해 데이터 영역을 어떻게 사용하는지를 살펴보고자 한다.

1) 파이썬 데이터 객체

데이터 객체는 그림 4-1과 같은 메모리의 데이터 영역에 구현되는 데이터값을 담는 장소, 그릇과 같은 것으로 메모리 주소에 의해 데이터 객체를 구분한다. 데이터 객체 중에서 수명기간 동안 그 값이 변할 수 있는 것을 변수라 하고 그 값이 변하지 않는 것을 상수라 한다.

파이썬 변수는 파이썬이 실행될 때 그 값이 변할 수 있는 데이터 객체를 말한다. 따라서 파이썬 변수는 파이썬 수명기간 동안 변할 수 있는 데이터값을 갖는 데이터영역의 기억장소라 할 수 있다. 이러한 변수를 사용하기 위해서는 그들을 구별할 수 있어야 하는데 이를 위해서는 변수에 이름을 부여하는 것이 필요하다.

파이썬 변수는 변수명과 변수의 데이터값이 분리되며 변수명이 데이터값의 위치(메모리 주소)를 가지고 있는 형태로 존재한다. 즉 변수는 변수명에 의해 변수의 데이터값을 가리키고 있다.

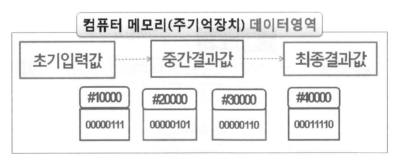

그림 4-1. 컴퓨터 메모리의 데이터 영역

그리고 변수의 자료형은 변수명이 가리키는 데이터값의 자료형에 따라 나중에 실행할 때 결정된다. 그림 4-2는 파이썬 변수의 구조를 분석하여 하나의 파이썬 변수가 인간 두뇌의 기억영역과 컴퓨터 메모리 데이터영역에 어떻게 표현될 수 있는지를 나타내는 것으로서 'a = 7'이라는 파이썬 치환문이 실행될 때 변수 a 의 값이 7이라는 값을 갖게 되는 것을 각 수준별로 제시한 것이다. 10진수 7이 라는 값은 컴퓨터 메모리 수준에서 2진수 111이라는 값으로 표현되고 그 값이 #10000번지 주소 위치에 저장되어 있다면 이 #10000번지를 값으로 가지고 있는 또 다른 주소인 #1000가 있다는 것과 이 #1000번지가 a라는 변수명 역할을 한다 는 것을 알 수 있다. 즉 인간 두뇌의 기억영역에서는 a라고 하는 변수가 있는데 그 값이 7이라고 할 수 있고, 파이썬 원시코드에서는 'a = 7'이라는 명령문으로 표현된다고 이해하면 된다.

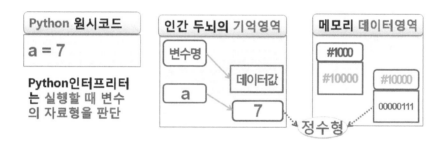

그림 4-2. 파이썬 변수의 구조

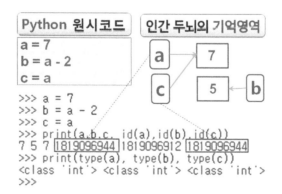

그림 4-3. 파이썬 변수의 이해

그림 4-3은 파이썬 치환문을 통해 파이썬 변수가 어떻게 만들어지고 그 값을 가지게 되는지를 이해하기 위한 것이다. 먼저 'a = 7'이 수행되면서 7(실제로는 메모리 영역에서는 2진수 111)이 저장되고 이 값을 가지고 있는 위치(실제로는 메모리 주소)를 a가 가지게 된다. 그 다음 'b = a - 2'는 먼저 'a - 2'가 수행되는데 a가 가리키고 있는 값인 7에서 2를 빼면 5가 되는데 이 값을 새로운 데이터영역에 저장하고 이 저장된 위치를 b가 가지게 된다. 즉 b는 5가 된다. 그 다음 'c = a'의 경우 a가 가지고 있는 위치값을 c가 가지게 되어 c도 a가 가리키고 있는 7을 가리키게 된다. 즉 c도 7이 된다.

　　그림 4-3에 나오는 id(a), id(b), id(c) 함수는 변수 a, b, c에 대한 메모리 주소를 알려주는 것으로 변수 a와 c의 주소가 같고, 변수 b의 주소가 다르다는 것을 알 수 있게 해준다. 그리고 type(a), type(b), type(c) 함수는 변수 a, b, c에 대한 자료형을 알려주는 것으로 변수 a, b, c 모두 정수형(int)임을 알 수 있게 해준다.

2) 파이썬 이름 작성

　　파이썬에는 변수명을 비롯하여 함수명, 모듈명, 클래스명 등 여러 가지 객체들을 구별하는 이름이 작성하는 것이 필요하다. 이름을 작성할 때는 몇 가지 이름 작성 규칙을 따라야 한다.

　　첫째, 파이썬에 사용하는 이름은 문자(유니코드)나 숫자, _(밑줄)로 구성하되 숫자로 시작하면 안된다. 문자는 유니코드를 사용하므로 한글명이 가능하다. 에를 들면, A, a, a123, _F5, _if, k, tableWidth, table_width, 반지름 등을 이름으로 사용가능하다.

　　둘째, 영문 대소문자 구분한다. 따라서 A와 a는 다른 이름에 해당된다.

　　셋째, 공백이나 특수문자가 포함되면 안된다. 즉, K&b, father's name, d$, rate%와 같은 것은 이름으로 사용할 수 없다.

　　넷째, 예약어는 사용 못한다. 즉 파이썬 인터프리터에 예약된 False, None, True, and, as, assert, break, class, continue, def, del, elif, else, except, finally, for, from, global, if, import, in, is, lambda, nonlocal, not, or, pass, raise, return, try, while, with, yield 등과 같은 것은 이름으로 사용하면 안 된다.

파이썬 변수명을 표기할 때는 그 의미가 잘 나타나는 이름으로 부여해야 한다. 파이썬에 변수명을 만들 때에 대부분 헝가리형, 파스칼형, 낙타형, 밑줄형 등이 사용된다. 헝가리형은 변수명에 자료형 약자를 추가하여 bSwitch, iNumber, fPi, sName와 같이 사용하는 것이고, 파스칼형은 대문자로 시작하고 복합어일 경우 시작문자를 대문자로 하며 나머지는 소문자로 CountNumber, StudentNo 등과 같이 사용하는 것이다.

낙타형은 소문자로 시작하고 복합어일 경우 대문자로 시작하여 낙타모양으로 만드는 것으로 employeeNo, customerName 등과 같이 사용하는 것이고, 밑줄형은 단어와 단어 사이를 _(밑줄)로 연결하여 line_number, book_name, 가로_길이, 세로_길이, 직사각형_넓이 등과 같이 사용하는 것을 말한다. 가급적 낙타형이나 밑줄형으로 변수명을 부여하는 것이 경험상 바람직한 것으로 추천한다.

파이썬 변수명을 표기할 때 가급적 의미 있는 변수명이 프로그램의 가독성을 높여주므로 프로그램의 의미를 쉽게 파악할 수 있도록 해준다. 즉, 가독성이 높으면 디버깅과 유지관리가 용이하다. 그림 4-4는 그림 1-5에서 제시한 직사각형 면적 구하기 코딩 예를 개선하여 변수명의 가독성이 높게 만들어 사용한 것을 나타낸 것이다. 그림 4-5는 한글 변수명을 사용한 것을 나타낸 것이다.

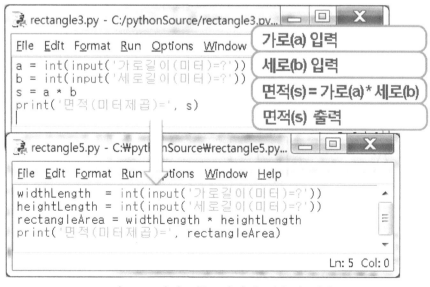

그림 4-4. 의미 있는 파이썬 변수명 사용

```
rectangle7.py - C:/pythonSource/rectangle7.py ...
File Edit Format Run Options Window Help
가로길이 = int(input('가로길이(미터)=?'))
세로길이 = int(input('세로길이(미터)=?'))
직사각형면적 = 가로길이 * 세로길이
print('면적(미터제곱)=', 직사각형면적)

>>>
==================== RESTART: C:/pythonSource/rectangle7.py ==
가로길이(미터)=?5
세로길이(미터)=?6
면적(미터제곱)= 30
```

가로길이입력

세로길이입력

직사각형면적=가로길이*세로길이

직사각형면적 출력

그림 4-5. 의미 있는 파이썬 한글 변수명 사용

3) 파이썬 변수 특성

파이썬을 잘 활용하려면 무엇보다도 파이썬 변수의 특성을 먼저 이해해 두는 것이 필요하다. 먼저 변수는 변할 수 있는 데이터 객체, 즉 변할 수 있는 데이터 값을 가지고 있는 기억장소에 해당되므로 먼저 기억되어 있던 것은 소용없고 항상 최신의 것이 의미 있다는 것을 알아야 한다. 예를 들어 그림 4-6을 살펴보면 먼저 A=1라고 했다가 곧바로 A=3이라 한 것인데, 처음에는 A값이 1이었지만 나중에 3으로 변경되고 최종적으로 A 값이 3이 된다는 것이다. 이것은 특정 파일을 작성하여 저장해두었다가 필요에 따라 그 내용을 변경하여 다시 저장하면 먼저 있던 것을 덮어쓰게 된다. 복사를 할 때에도 타깃으로 붙여넣기를 하려는데 이미 존재할 경우 먼저 있던 것을 덮어쓸 수 있는데 이와 유사한 것으로 보면 된다.

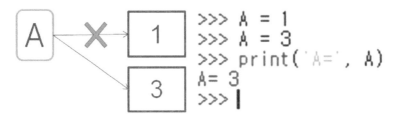

```
>>> A = 1
>>> A = 3
>>> print('A=', A)
A= 3
>>>
```

그림 4-6. 변수의 특성 (최신의 정보)

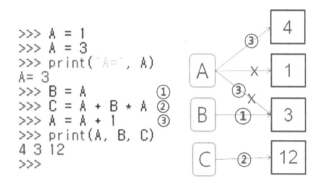

그림 4-7. 변수의 특성 (무한 복사 및 인용)

또 다른 변수의 특성으로는 일단 변수의 값이 정해지면 얼마든지 그 값을 전해 주거나 복사해주거나 사용할 수 있다는 것이 있다. 이것은 여러분이 제 이름을 '정민영'이라고 알고 있는데 이것을 다른 사람에 알려준다고 해서 여러분이 제 이름을 잊어버리지 않고 또한 얼마든지 또 다른 사람들에게 알려줄 수 있는 것과 유사한 특성이다. 컴퓨터 응용프로그램에서 편집할 때 많이 사용하는 작업대상 블록을 선정해두고 CTRL-C하여 클립보드에 복사해두고, 필요한 위치에서 얼마든 지 CTRL-V하여 반복적으로 붙여넣기를 할 수 있는 것과도 같다. 그림 4-7은 이 러한 특성을 알 수 있도록 그림 4-6에 추가한 예를 제시하고 변수의 값이 어떻게 변하는지를 알려주기 위한 것이다. A가 1 대신 3을 지정하는 것으로 바뀐 다음, 'B=A'에 의해 A가 가리키고 있는 3을 B도 가리키게 된다. 그런 다음, 'C=A+B*A' 에 의해 = 오른쪽 'A+B*A'가 먼저 수행되는데 여기서도 먼저 B 값 3과 A값 3이 곱해져서 9가 되고 이것은 다시 A의 값 3과 더해져서 12가 되는데 이 값을 = 오 른 쪽에 있는 C가 기리키게 된다. 그리고 'A=A+1'은 먼저 = 오른쪽의 'A+1'을 수행하여 현재 A값 3에 1을 더한 결과 4를 =의 왼쪽 A 변수값으로 지정되게 하 게 된다는 것이다. 따라서 print(A, B, C)를 수행하면 A, B, C 값으로 각각 4, 3, 12가 출력되게 된다.

4) 파이썬 변수의 종류

파이썬 변수는 실행시에 지정된 데이터값에 갖게 되고 이것에 따라 그 자료형 이 결정된다. 따라서 파이썬 변수는 어떠한 데이터값을 갖느냐에 따라 다른 자료형을 가질 수 있고 이에 따라 다른 연산방식으로 연산이 이루어지므로 변수의 자료형을 구분하고 그 활용방법을 익히는 것이 중요하다. 그림 4-8은 'angelNo = 1004'에 의해 angelNo가 정수형(int)이 되고, 'aboutPi = 3.14159'에 의해 aboutPi가 실수형이 되고, "msgLove='I love you.'"에 의해 msgLove가 문자열형(str)이 되며, 'visitedSw=False'에 의해 visitedSw가 부울형(bool)이 되는 것을 나타낸 것이다.

그림 4-8. 변수의 자료형

표 4-1. 파이썬 내장 자료형

자료형	예	비고
bool	True, False	부울대수(True→1, False→0)
int	-123, 0, 123456	정수
float	1.4142	실수
complex	2+3i	복소수
str	'Hello', "love"	유니코드 문자열로 내부 요소값 변경 안됨
bytes	b'Good morning'	0~255(1 바이트 범위) 값을 갖는 코드 문자열
list	[1,2,3,4,5]	순서가 있는 파이썬 객체 집합
tuple	(1,2,3,4,5)	순서가 있는 파이썬 객체들로 내용 변경 안됨
dict	{'a':1, 'b':2}	순서가 없는 파이썬 객체들로 Key로 접근
set	{1,2,3,4,5}	중복없고 순서 없는 데이터의 집합

표 4-2. 파이썬 내장 자료형의 특성

자료형	접근 방법	내부요소 변경가능성	저장 갯수
bool	직접형(직접 데이터 표현)	불가능	한 가지
int	직접형	불가능	한 가지
float	직접형	불가능	한 가지
complex	직접형	불가능	한 가지
str	시퀀스형(다른 데이터 순서 있게 포함)	불가능	한 가지
bytes	시퀀스형	불가능	한 가지
list	시퀀스형	가능	여러 가지
tuple	시퀀스형	불가능	여러 가지
dict	매핑형(다른 데이터 포함)	가능	여러 가지
set	집합형(순서와 중복항목 없음)	가능	여러 기지

그림 4-9. 변수의 활용

표 4-1은 파이썬에서 사용할 수 있는 여러 가지 내장 자료형을 나타낸 것으로 기본적인 숫자 관련 자료형으로 부울형(bool), 정수형(int), 실수형(float), 복소수형(complex)이 있으며, 그 밖에 문자열형(str), 바이트형(bytes), 리스트형(list), 튜플형(tuple), 사전형(dict), 집합형(set) 등이 있다.

표 4-2는 파이썬 내장 자료형의 특성을 나타낸 것으로 각 자료형에 따른 접근 방법, 내부요소 변경가능성, 저장개수 등을 비교한 것이다.

프로그램을 작성할 때 특별한 경우의 한 가지만 상수 형태로 지정하여 해결하는 형태보다는 가급적 그와 관련된 것으로 특별한 경우에 해당하는 값만 바꾸면 관련 문제까지 해결할 수 있도록 변수 형태로 지정하여 작성하는 것이 좋다. 예를 들어 그림 4-9의 왼쪽 프로그램은 반지름이 5인 원의 면적과 원 둘레를 구하는 것이고, 오른 쪽은 반지름을 변수로 지정하여 그 값을 입력받는 형태로 일반화시킨 프로그램으로 반지름 값만 입력하면 그에 대한 원의 면적과 원 둘레를 구해주는 프로그램이다 이와 같이 변수의 사용으로 특정 문제를 해결하는 범위가 확대되고 유연성이 커질 수 있음을 알고 변수를 통한 일반화의 노력을 해야 좋은 프로그램을 작성할 수 있다. 여기서 "radius= int(input('반지름 길이='))"의 경우 '반지름 길이 ='이라는 프롬프트 역할을 하는 메시지가 나오는 곳에서 반지름 값을 입력받되 이것이 문자열(str)로 입력되므로 정수형(int)으로 형변환하여 radius 변수값으로 지정하는 것을 나타낸 것이다.

4.2 파이썬 연산자와 치환문

컴퓨터에서 이루어지는 연산은 연산장치(ALU; Arithmetic Logic Unit)가 담당하며 주로 산술연산과 논리연산 등의 연산이 이루어진다. 산술연산은 계량화한 숫자를 다루는 사칙연산(+, -, *, /) 중심의 연산을 말하고, 논리연산은 참(True)과 거짓(False)의 결과를 나오게 하는 연산을 말한다. 파이썬에서 연산은 연산식에 의해 이루어지고 연산식의 결과가 변수의 값으로 할당되도록 하는 치환문에 의해 주로 실행이 이루어진다. 프로그램 속에서 치환문은 특정 변수의 초기값을 설정하거나 입력되는 데이터와 초기값을 중간값이나 최종값으로 변화시키는 핵심명령에 해당된다.

1) 파이썬 연산식과 연산자

컴퓨터 프로그램 속에서 연산자는 현실 세계의 문제를 추상화하여 표현할 때 처리대상에 해당되는 데이터를 원하는 목적의 정보로 가공하거나 처리하는 것이 이루어지도록 하는 연산 명령에 해당된다.

이러한 연산자로 실세계에서 발생하는 거의 모든 문제를 해결하는 기초를 제공한다. 일상생활에서 발생하는 간단한 상거래에서 아주 복잡하고 어려운 문제에 이르기까지 가능한 거의 모든 해결방법을 제공하는데 활용할 수 있는 것이다. 우주선이 달나라로 갈 수 있는데 필요한 계산을 한다든지, 미사일이 정확한 목표지점을 향하도록 또는 발사된 미사일을 정확히 요격하는데 필요한 계산이나 자동차 내비게이션이 최적의 길로 목표지점을 안내하도록 하는 계산, 포털 사이트에서 입력된 키워드에 대한 정보를 찾는데 필요한 계산에서, 주식을 사고파는 것을 도와주는데 필요한 계산까지, 심지어 알파고처럼 바둑에서 착점할 다음 수를 알려주는데 필요한 계산을 한다.

파이썬 연산식은 연산자와 피연산자로 구성되며, 연산자는 연산을 수행하는 명령에 해당되며, 파이썬 연산자의 경우 크게 산술 연산자(**, *, /, //, %, +, -), 관계(비교) 연산자(>, <, ==, <=, >=, !=), 논리 연산자(not, and, or), 비트 연산자(<<, >>, ~, &, |, ^) 등이 있다. 피연산자는 연산자에 의해 연산되어지는 연산대상에 해당되며 상수, 변수, 연산식, 함수 등이 있다.

단항 연산자는 연산자에 대한 피연산자가 1개인 것으로 not, ~ 등이 있으며 대부분 연산자는 피연산자가 2개인 이항 연산자에 해당된다. +, -의 경우 두 가지 역할을 모두 할 수 있는데, 예를 들어 +7에서 +는 단항 연산자에 해당되며 그 결과는 양수 7이 되고, 7+5에서 +는 이항 연산자에 해당되며 그 결과는 12가 된다.

2) 파이썬 산술 연산자

산술 연산자들의 역할은 표 4-3과 같다. 덧셈과 뺄셈을 의미하는 +와 - 연산자는 단항 연산자와 이항 연산자로서 둘 다 사용이 가능하다. 산술 연산자 중에서 *은 곱셈 연산자, **은 지수승 연산자를 뜻하고, //은 몫을 구하는 연산자, %은 나머지를 구하는 연산자이다. 여기서 /, //, %의 경우 나눗셈 연산과 관련되므로 두 번째 피연산자로 0이 나오면 안 된다. 즉 0으로 나누는 것은 수학적으로 불가능하므로 파이썬 연산에서는 에러가 발생한다. 그리고 +의 경우 두 개의 문자열을 붙이는 연산을 하는데 사용할 수 있으며, *은 정수배 만큼 문자열이 반복되어 나오게 하는 연산에 사용할 수 있다. 그림 4-10은 파이썬 산술연산자를 사용한 일괄식 실행 예를, 그림 4-11은 대화식 실행 예를 보인 것이다.

표 4-3. 파이썬 산술 연산자

연산자	예	의미	결과	비고
+(단항)	+7	양수 7	7	숫자
-(단항)	-7	음수 -7	-7	숫자
**	7 ** 2	7 지수승 2	49	숫자
*	7 * 2	7 곱하기 2	14	숫자,문자
/	7 / 2	7 나누기 2	3.5(실수)	Zero Division Error
//	7 // 2	7을 2로 나눈 몫	3	
%	7 % 2	7을 2로 나눈 나머지	1	
+	7 + 2	7 더하기 2	9	숫자,문자
-	7 - 2	7 빼기 2	5	숫자

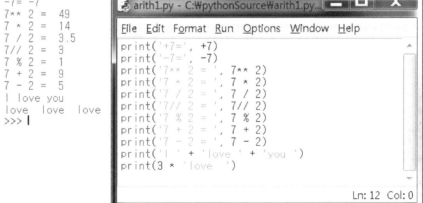

그림 4-10. 산술 연산자 일괄식 실행 예

```
>>> +7
7
>>> -7        >>> 7//2
-7            3
>>> 7**2      >>> 7%2
49            1
>>> 7*2       >>> 7+2      >>> 'I '+'love '+'you'
14            9            'I love you'
>>> 7/2       >>> 7-2      >>> 3*'love '
3.5           5            'love love love '
```

그림 4-11. 산술 연산자 대화식 실행 예

3) 파이썬 관계 연산자

관계 연산자(>, <, ==, <=, >=, !=)는 두 항의 크기 관계를 비교하는 연산자로서 그 결과가 참(True)이나 거짓(False)의 형태로 나오게 한다. 표 4-4는 파이썬 관계연산자와 그 사용 예, 그리고 그 의미를 나타낸 것이다. 그림 4-12는 파이썬 관계연산자의 실행 예를 나타낸 것이다. 여기서 a가 b보다 크므로 a > b, a >= b, a != B가 참(True)이 된다.

표 4-4. 파이썬 관계 연산자

연산자	예	의미
>	a > b	a가 b보다 크면 참, 아니면 거짓
<	a < b	a가 b보다 작으면 참, 아니면 거짓
==	a == b	a와 b가 같으면 참, 아니면 거짓
>=	a >= b	a가 b보다 크거나 같으면 참, 아니면 거짓
<=	a <= b	a가 b보다 작거나 같으면 참, 아니면 거짓
!=	a != b	a와 b가 같지 않으면 참, 아니면 거짓

```
relational1.py - C:/pythonSource...

File  Edit  Format  Run  Options  Window  Help
a = 7
b = 5
print('a > b  = ', a > b)
print('a < b  = ', a < b)
print('a == b = ', a == b)
print('a <= b = ', a <= b)
print('a >= b = ', a >= b)
print('a != b = ', a != b)

>>>
================= RESTART: C:/pythonSource/relational1.py ==
a > b  = True
a < b  = False
a == b = False
a <= b = False
a >= b = True
a != b = True
>>>
```

그림 4-12. 관계 연산자 실행 예

4) 파이썬 논리 연산자

논리 연산자(not, and, or)는 참(True)과 거짓(False)으로 표현되는 진리값을 논리적으로 다룰 수 있게 해주는 연산자를 말한다.

표 4-5. 파이썬 논리 연산자

연산자	예	의미		
not	not True not False	논리부정(**not**): True → False False → True		
and	True and False	논리곱(**and**)	False(0)	**True(1)**
		False(0)	False(0)	False(0)
		True(1)	False(0)	**True(1)**
or	True or False	논리합(**or**)	False(0)	**True(1)**
		False(0)	**False(0)**	True(1)
		True(1)	True(1)	True(1)

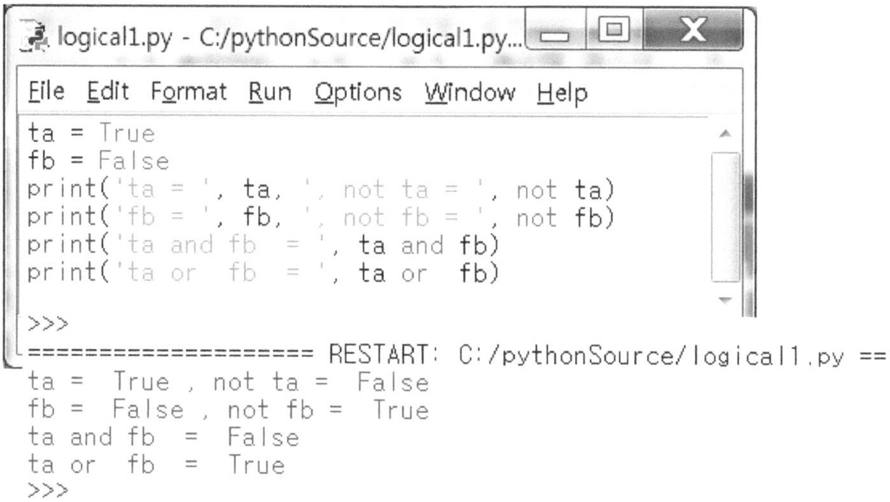

```
logical1.py - C:/pythonSource/logical1.py...

File  Edit  Format  Run  Options  Window  Help

ta = True
fb = False
print('ta = ', ta, ', not ta = ', not ta)
print('fb = ', fb, ', not fb = ', not fb)
print('ta and fb  = ', ta and fb)
print('ta or  fb  = ', ta or  fb)

>>>
==================== RESTART: C:/pythonSource/logical1.py ==
ta =  True , not ta =  False
fb =  False , not fb =  True
ta and fb  =  False
ta or  fb  =  True
>>>
```

그림 4-13. 논리 연산자 실행 예

여기서 not은 단항 연산자로 논리값에 대해 부정하는 연산 결과를 나오게 한다. 참(True)은 거짓(False)으로 거짓(False)은 참(True)으로 만든다. and는 이항 연산자로 두 항이 모두 참(True)일 때만 그 결과가 참(True)이 되는 연산 결과를 나오게 하는 연산자이다. or는 이항 연산자로 두 항이 모두 거짓(False)일 때만 그 결과가 거짓(False)이 되는 연산 결과를 나오게 하는 연산자이다. 표 4-5는 파이썬 논리 연산자와 그 사용 예, 그리고 그 의미를 나타낸 것이다. 그림 4-13은 파이썬 논리 연산자 실행 예를 나타낸 것이다.

5) 파이썬 비트 연산자

비트 연산자(<<, >>, ~, &, |, ^)는 컴퓨디메모리에 표시뇌는 이진상태를 나타내는 데이터를 조작하는 연산자를 말한다. 보통 비트(bit; binary digit)는 이진상태를 나타낼 수 있는 기억장소의 최소단위를 말하는데, 이진상태는 기억매체에 따라 다양하게 표시되므로 대표적으로 이진수로 대신하여 표현한다. 따라서 비트는 0 또는 1로써 이진상태의 둘 중의 하나를 표현하는 기억장소의 최소단위라 할 수 있다. 쉽게 비트를 대표하는 것으로 전구 하나를 생각하면 되는데 전구가 켜진 상태를 1, 꺼진 상태를 0으로 표현한다. 즉 1은 True, 0은 False를 의미하며 실제로 파이썬에서도 이러한 표현이 가능하다.

표 4-6. 파이썬 비트 연산자

연산자	예	의미
<<	a << n	a를 n 비트 만큼 왼쪽으로 이동
>>	a >>n	a를 n 비트 만큼 오른쪽으로 이동
&	a & b	a와 b의 비트 논리곱(and)
|	a | b	a와 b의 비트 논리합(or)
^	a ^ b	a와 b의 비트 배타적논리곱(xor)
~	~ a	A의 논리부정(not), 0→1, 1→0

표 4-7. 파이썬 비트 연산

A	B	~B	A & B	A | B	A ^ B
0	0	1	0	0	0
0	1	0	0	1	1
1	0	1	0	1	1
1	1	0	1	1	0

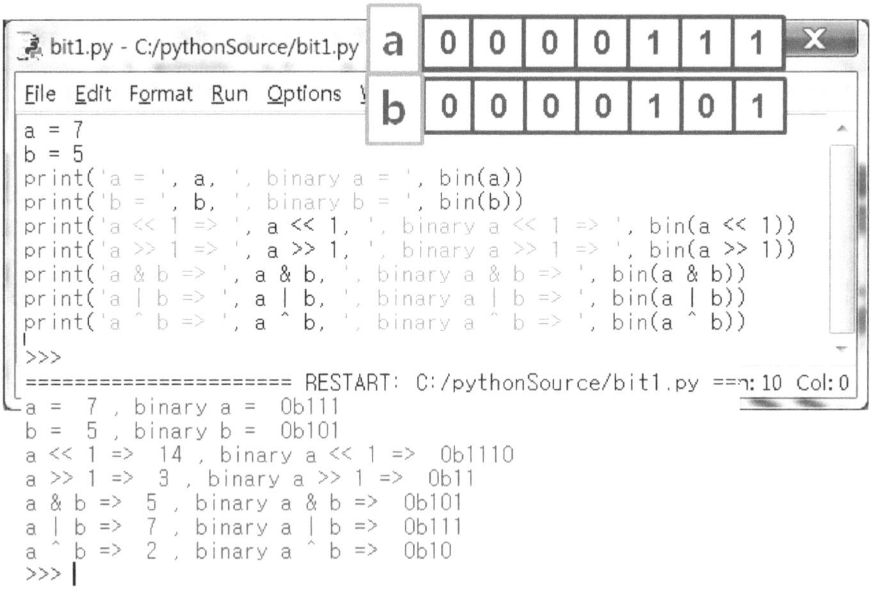

```
bit1.py - C:/pythonSource/bit1.py

File Edit Format Run Options
a = 7
b = 5
print('a = ', a, ', binary a = ', bin(a))
print('b = ', b, ', binary b = ', bin(b))
print('a << 1 => ', a << 1, ', binary a << 1 => ', bin(a << 1))
print('a >> 1 => ', a >> 1, ', binary a >> 1 => ', bin(a >> 1))
print('a & b => ', a & b, ', binary a & b => ', bin(a & b))
print('a | b => ', a | b, ', binary a | b => ', bin(a | b))
print('a ^ b => ', a ^ b, ', binary a ^ b => ', bin(a ^ b))
>>>
==================== RESTART: C:/pythonSource/bit1.py ===n: 10 Col: 0
a = 7 , binary a = 0b111
b = 5 , binary b = 0b101
a << 1 => 14 , binary a << 1 => 0b1110
a >> 1 => 3 , binary a >> 1 => 0b11
a & b => 5 , binary a & b => 0b101
a | b => 7 , binary a | b => 0b111
a ^ b => 2 , binary a ^ b => 0b10
>>>
```

a	0	0	0	0	1	1	1
b	0	0	0	0	1	0	1

그림 4-14. 비트 연산자 실행 예

표 4-6은 파이썬 비트연산자와 그 사용 예, 그리고 그 의미를 나타낸 것이다. 표 4-7은 논리적 비트 연산의 결과를 나타낸 것이고, 그림 4-14는 파이썬 비트연산자 실행 예를 나타낸 것이다.

6) 파이썬 연산 우선순위

연산 우선순위는 하나의 연산식을 구성하는 연산자가 여러 개일 경우, 그 우선순위를 정하는 기준이 되는 것으로서 파이썬 연산 우선순위는 표 4-7과 같다. 괄호가 가장 먼저 수행되며, 같은 연산 우선순위를 갖는 것은 결합순서에 따라 수행된다. 대부분의 결합순서는 좌에서 우로 결합되므로 같은 우선순위의 경우 먼저 나온 것이 먼저 수행되지만 결합순서가 우에서 좌인 **, ~의 경우 나중에 나온 것이 먼저 수행된다.

표 4-7. 파이썬 연산 우선순위

우선순위	파이썬 연산자	의미	결합순서
1	( )	괄호	좌→우
2	**	지수승	우→좌
3	~ +, -	비트 NOT 단항연산자(부호)	우→좌
4	*, /, //, %	승,제, 몫, 나머지	좌→우
5	+, -	가,감	좌→우
6	<<, >>	비트 시프트	좌→우
7	&	비트 AND	좌→우
8	^	비트 XOR	좌→우
9			비트 OR	좌→우
10	<,<=,>,>=,<>,!=,==	관계 연산자	좌→우
11	is, not is, in, not in		좌→우
12	not	논리연산(not)	좌→우
13	and	논리연산(and)	좌→우
14	or	논리연산(or)	좌→우

```
>>> -+-7
7
>>> 1+2+3
6
>>> 1-2-3
-4
>>> 5/2*2
5.0
>>> 5/2%2
0.5
>>> 1-(2-3)
2
>>> 1-(2+3)
-4
>>> 7//2+7*2
17
>>> 7//(2+7)*2
0
>>> 2**2**3
256
>>> (2**2)**3
64
>>>
```

```
        ①      ②
>>> 1 - 2 + 3
2

        ②      ①
>>> 1 - (2 + 3)
-4

      ②      ①
>>> 2 ** 2 ** 3
256

    ①         ②
>>> (2 ** 2) ** 3
64

      ③     ②     ①
>>> 5 + 4 * 3 ** 2
41
```

그림 4-15. 연산우선 순위 실행결과 예

그림 4-15는 파이썬 연산우선 순위를 파악하고자 하는 실행 예를 나타낸 것이다.

7) 파이썬 치환문

치환문은 변수의 값을 변화시키는 핵심역할을 하는 명령문이다. 파이썬 치환문은 다음과 같은 형식으로 구성된다.

[치환문 형식] [변수 = {상수|변수|연산식}]

치환문의 = 왼쪽에는 반드시 변수가 와야 하며 =의 오른쪽에는 처리대상으로서 상수, 변수, 연산식 중의 하나가 온다. 치환문이 실행되면 상수는 그대로, 변수는 변수의 데이터값이 연산식은 그 식을 계산한 결과값을 구하여 왼쪽 변수에 할당한다. 그림 4-16은 파이썬 치환문을 실행한 예를 나타낸 것이다.

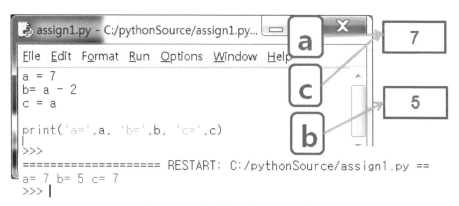

그림 4-16. 파이썬 치환문 실행 예

치환문은 항상 =의 오른쪽이 먼저 수행되고 맨 나중에 그 결과값을 = 왼쪽 변수에 지정되게 한다. 따라서 그림 4-16에서 먼저 a = 7이 수행되고 = 오른쪽에 상수 7이 나왔으므로 그대로 왼쪽 변수 a값으로 지정되게 한다. 그 다음에 b = a - 2가 수행될 때 먼저 = 오른쪽에 연산식 a - 2가 나왔으므로 이것이 먼저 수행된다. a 값에 7이 지정되어 있으므로 7에서 2를 뺀 결과 5를 저장하고 이곳의 주소를 변수 b가 지정하게 하여 b가 5가 된다. 그리고 c = a에 의해 = 오른쪽에 변수 a가 나왔으므로 a가 지정하고 있는 7을 변수 c가 지정하게 하여 c가 7이 된다. 결과적으로 a와 c는 7이 저장된 곳을 함께 지정하고 있게 된다.

#은 주석문으로 파이썬 인터프리터가 파이썬 명령문을 번역하여 실행할 때 참고문으로 취급하는 것으로 프로그래머가 프로그램을 이해하기 용이하게 하고자 할 때 주석을 사용한다.

그림 4-17은 여러 개 변수에 한꺼번에 하나의 값을 지정하거나 여러 변수에 여러 값을 지정하는 파이썬 치환문을 나타낸 것이다. ma = mb = mc = 0은 하나의 값 0을 동시에 여러 변수 ma, mb, mc에 지정하게 한다. 그리고 startNo, m2p, myFruit = 1, 0.3, 'Apple'에 의해 여러 변수에 여러 값을 지정하는 것을 나타내는 것은 그림 4-17 오른쪽에 제시되어 있다. 그림 4-17에서 print()는 공백줄 하나를 출력하는 의미로 사용되었고, print()를 통해 출력되는 문자열 속에 들어 있는 '\n'은 줄바꿈이 이루어지게 하는 역할을 한다.

그림 4-17. 여러 변수 동시에 값 지정 예

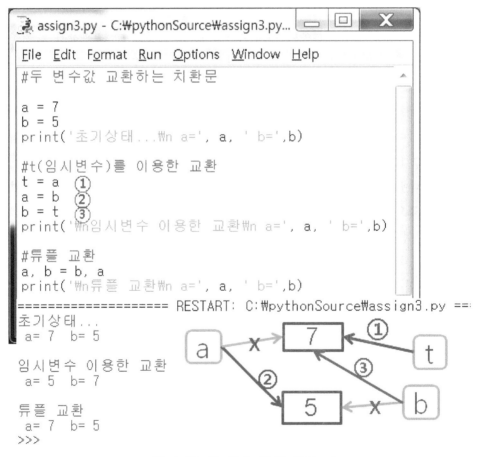

그림 4-18. 두 변수 값의 교환 예

그림 4-18은 파이썬 치환문을 이용하여 두 변수 값을 교환하는 것을 나타내는 것이다. 단순히 a = b, b = a와 같이 하면 a와 b 모두 같은 값을 갖게 되는 결과를 가지므로 전통적인 방법으로는 임시변수를 이용하여 일단 a값을 임시변수(t)에 놓고 b를 a값으로 준 다음 임시변수(t)값을 b로 주게 되면 변수 a와 b 값이 교환된다. 이보다 더 간단히 두 변수가 교환되게 하는 방법이 파이썬에 있는데 그것은 튜플 교환을 이용하는 것이다. 간단히 a, b = b, a와 같이 치환문을 만들어 실행하면 두 변수의 값이 교환된다.

8) 파이썬 확장 치환문

파이썬 확장 치환문은 파이썬 치환문을 확장하여 보다 사용이 용이하게 한 것으로서 연산자 오른쪽에 =를 추가하여 구성한다.

[확장 치환문 형식] 변수 확장치환연산자 {상수|변수|연산식}

파이썬 확장 치환문은 치환문의 = 대신에 확장치환연산자를 사용한 것으로서 확장치환연산자에는 기존 파이썬 연산자에 =이 추가된 형태를 띠고 있다. 확장치환연산자에는 +=, -=, *=, /=, **=, <<=, >>=, &=, ^=, |= 등이 있다.

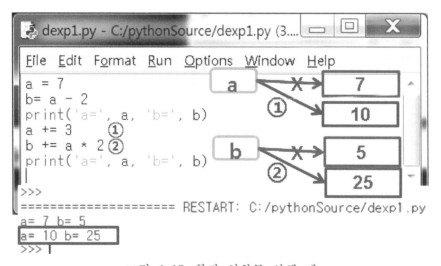

그림 4-19. 확장 치환문 실행 예

예를 들어 확장 치환문 a += 3 은 a = a + 3를 간략히 나타낸 것으로 변수 a의 값을 3 증가시키라는 의미가 된다. 비슷하게 b += a * 2의 경우 b = b + (a * 2)를 간략히 한 것으로 변수 b의 값을 (a * 2)만큼 증가시키라는 의미가 된다. 그림 4-19는 이러한 확장 치환문을 실행한 예를 나타낸 것이다.

연습문제 4

[기초문제]

※ 빈 칸에 가장 알맞은 말을 넣으시오.

1. 컴퓨터 메모리(주기억장치)에는 프로그램영역과 프로그램이 실행하면서 사용하는 (   ) 영역이 있다.

2. 데이터 (   )는 메모리의 데이터영역에 구현되는 데이터값을 담는 그릇과 같은 기억장소에 해당된다.

3. 변수는 그 값이 변할 수 있는 데이터 (   )이므로 변수는 변할 수 있는 데이터값을 갖는 데이터영역의 기억장소라 할 수 있다.

4. 변수명과 변수의 데이터값은 분리되며 변수명이 데이터값의 위치에 해당되는 (   )를 가지고 있다.

5. 변수의 자료형은 변수명이 가리키는 (   )의 자료형에 따라서 실행할 때 정해진다.

6. 의미 있는 변수명이 프로그램의 (   )을 높여준다.

7. 변수는 변할 수 있는 데이터 객체이므로 그 값이 변할 수 있으며 새롭게 변수값이 정해지면 먼저 있던 것은 소용이 없으므로 버려지고 항상 (   )의 것이 의미 있는 것이 된다.

8. (   )는 일단 그 값이 정해지면 얼마든지 그 값을 다른 곳에 전해주거나 읽어서 사용할 수 있으며 변경을 가하지 않는 한 그대로 값이 유지된다.

9. 파이썬 자료형 중에서 (   )은 True와 False값을 가질 수 있는 부울대수형이고, (   )는 소수점이 없는 정수형, (   )는 소수점을 가지는 실수형, (   )은 사람이름, 주소, 전화번호, 메시지 등과 같은 사칙연산을 할 수 없는 문자열형에 해당된다.

10. 변수의 사용으로 특정 문제를 해결하는 (   )가 확대되고 유연성이 커진다.

11. (   )은 연산에 의해 변수의 값을 변화시키는 명령문으로 [변수 = {상수|변수|연산식}]와 같은 형식을 가지며, 여기서 연산식은 (   )와 피연산자로 구성된다.

12. 파이썬 연산자에는 (   ) 연산자(**, *, /, //, %, +, -), 관계(비교) 연산자(>, <, ==, <=, >=, !=), (   ) 연산자(not, and, or),비트 연산자(<<, >>, ~, &, |, ^)가 있다.

13. 확장 치환문은 [변수 (   ) {상수|변수|연산식}]와 같은 형식으로 만들어지며, 확장치환연산자에는 (   ), -=, *=, /=, **=, <<=, >>=, &=, ^=, |= 등이 있다.

14. 기본 치환문 [변수 = {상수|변수|연산식}]에서 = 왼쪽에 반드시 (   )가 나오고, = 오른쪽의 (   )는 그대로, (   )는 변수의 데이터값을, (   )은 그 계산한 결과값을 왼쪽 변수에 할당한다.

15. 두 변수 a와 b를 값을 교환하는 튜플 치환 방법은 a, b = (   )와 같이 하면 된다.

16. 연산식 1 + 2 * 2 ** 3을 대화식으로 실행한 결과는 (   ) 이고, 확장치환문 a+=b-3 의 의미는 a = (+   ) 이다.

17. 파이썬 연산 우선순위에서. (   )가 가장 먼저 수행되며, 그 다음으로 지수승(**)이 수행된다.

18. 같은 연산 우선순위를 갖는 것은 결합순서에 따라 수행되는데, 대부분의 결합순서는 좌에서 우로 결합되므로 같은 우선순위의 경우 먼저 나온 것이 먼저 수행되지만 결합순서가 우에서 좌인 (   ), ~의 경우 나중에 나온 것이 먼저 수행된다.

19. b += a * 2의 경우 b = b + (a * 2)를 간략히 한 것으로 변수 (   )의 값을 (a * 2) 만큼 증가시키라는 의미가 된다.

[심화문제]

1. 다음 중 파이썬 변수명으로 사용할 수 없는 것을 고르시오.

   a, a123, _F5, _if, 3dan, k2, tableWidth, table_width, 반지름, K&b, father's, d$, rate%, True, and

2. 매개변수를 이용하여 두 변수 a와 b를 값을 교환하는 프로그램을 완성하시오.

3. 다음 파이썬 연산식을 대화식으로 실행할 때 나오는 결과는 어떻게 되는지 답하시오.

   >>>5 + 4 * 3 ** 2

   (   )

   >>> 2 ** 2 ** 3

   (   )

   >>>(2 **2) ** 3

   (   )

4. 다음 파이썬 확장치환문의 의미에 해당되는 파이썬 치환문을 완성하시오.

   1) a +=3 → a = a + (   )

   2) b += a * 2 → b = (   ) + (a * 2)

제5장
파이썬 입출력문

메모리의 데이터영역에 파이썬 변수를 통해 데이터를 입력하는 것과 관련된 입력 명령문(입력문)과 초기값, 중간값, 최종값이 보관된 파이썬 변수의 값을 출력하는 것과 관련된 출력 명령문(출력문)은 데이터와 정보를 통해 컴퓨터를 사용하는 인간과 연락하는 것을 구현시켜주는 중요한 명령문으로 이들을 간단히 파이썬 입출력문이라고 한다.

5.1 파이썬 입력문

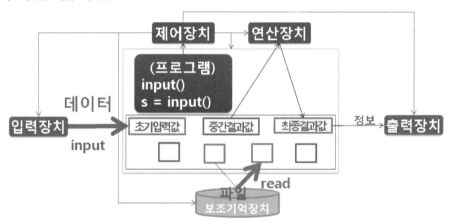

파이썬 입력문에는 입력장치를 통해 데이터를 메모리 데이터영역의 변수에 입력하는 명령문인 input()과 보조기억장치에 저장된 데이터파일을 읽어서 데이터영역의 변수에 입력하는 명령문인 read()가 있다.

1) input() 함수

input() 함수는 표준 입력장치를 통해 문자열을 하나 입력 받아 반환하는 함수이다. input()이 실행되면 프로그램을 일시정지하고 대기하다가, 사용자가 표준입력장치(특별히 지정하지 않으면 콘솔 키보드가 됨)를 통해 문자열 데이터를 입력하고 엔터(Enter)키를 누르면 그 문자열 데이터를 지정된 변수 값으로 넘겨준다. 그림 5-1 프로그램이 실행되면 '이름을 입력하세요...'라는 메시지가 나오고 일단 프로그램이 정지되면서 커서가 깜박거리게 된다. 이 때 '정민영'이라는 문자열을 입력하고 엔터키를 누르면 그 문자열이 inputName이라는 변수의 값으로 전달된다. 그 결과 inputName 변수를 출력시키면 '정민영'이 나오게 된다.

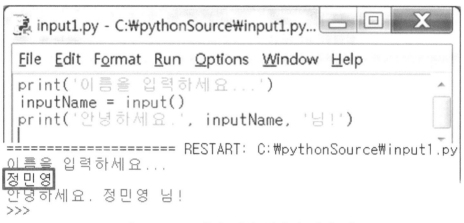

그림 5-1. input()에 의한 문자열 입력 예

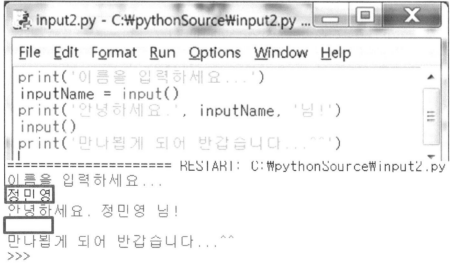

그림 5-2. input()에 의한 문자열 입력 및 실행 일시정지 예

input() 함수는 크게 두 가지 용도로 사용된다. 대부분 그림 5-1과 같이 변수에 문자열을 입력받는 용도로 되지만, 특별히 그림 5-2에 독립적으로 나온 input()의 경우에는 단순히 엔터키를 누를 때까지 기다리는 용도로 사용되기도 한다.

일반적으로 input() 함수는 다음과 같은 형식에 의해 작성된다.

[사용 형식] input([문자열 상수])

사용 형식 내에 있는 문자열 상수는 입력 프롬프트(prompt) 역할을 하는 문자열에 해당되는데 실행할 때 프롬프트 메시지로 그 문자열 상수가 나오고 문자열을 입력하라는 커서가 깜박거리게 된다.

그림 5-2에 있는 inputName = input('이름을 입력하세요>')이 실행되면 '이름을 입력하세요>'라는 메시지 바로 오른쪽 옆에 커서가 나올 때 입력하고자 하는 문자열 예를 들면 '정민영'을 입력하면 그것이 inputName 변수값으로 지정된다. 두 번째 input()에 의해 프로그램이 일시정지한 후, 엔터키를 누르면 다음으로 넘어가게 된다. 세 번째 input('종료하려면 Enter 키를 누르세요...')에 의해 '종료하려면 Enter 키를 누르세요...'라는 메시지가 나오면 여기서 엔터키를 누르면 프로그램이 종료된다.

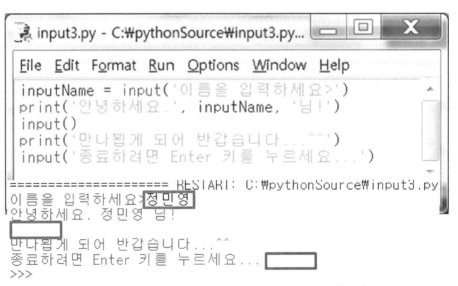

그림 5-2. input()에 의한 문자열 입력 및 실행정지 예

```
rectangle5.py - C:₩pythonSource₩rectangle5.py...
File  Edit  Format  Run  Options  Window  Help
widthLength  = int(input('가로길이(미터)=?'))
heightLength = int(input('세로길이(미터)=?'))
rectangleArea = widthLength * heightLength
print('면적(미터제곱)=', rectangleArea)
==================== RESTART: C:₩pythonSource₩rectangle5.py
가로길이(미터)=?5
세로길이(미터)=?6
면적(미터제곱)= 30
>>> |
```

그림 5-3. input()에 의한 문자열 입력 및 데이터형 변환 예

그림 5-3은 직사각형 면적을 구하기 위한 프로그램을 나타낸 것으로 input()에 의해 가로길이와 세로길이를 입력하면 직사각형 면적을 계산하여 출력하는 명령들로 구성되어 있다. input()에 의해서 입력되는 데이터는 문자열 형태이므로 면적을 구하기 위해서는 정수형으로 변환되어야 하기 위해 int()함수를 사용한다. 만약 실수형으로 바꾸고자 하면 float() 함수를 사용하면 된다.

2) read() 함수

read() 함수는 보조기억장치에 저장된 데이터 묶음이라고 할 수 있는 데이터 파일에서 데이터를 읽어서 반환하는 함수이다. read() 함수를 사용할 때 주의할 점은 데이터파일의 데이터를 읽기 전에 먼저 그 데이터파일을 파일을 열면서 파일 객체를 만들어두어야 하고, 데이터를 읽고 나면 프로그램을 종료하기 전에 반드시 그 데이터파일을 닫아야 한다는 것이다.

frp = open('hello.txt', 'r')과 같은 텍스트 파일 읽기 명령에는 파일처리 모드를 지정해야 하는데 여기에서 'r' 은 'read only' 의미로 단지 읽기만 하겠다는 의미이다. 그림 5-4는 'hello.txt' 파일을 읽기 모드로 열어서 읽은 다음 readMsg 변수에 보관하고 이를 출력하여 나타나게 한 다음 파일을 닫기로 마무리한 것을 나타낸 것이다. readMsg = frp.read()은 파일에 보관된 데이터를 읽어서 변수에 지정되도록 하는 명령문에 해당된다.

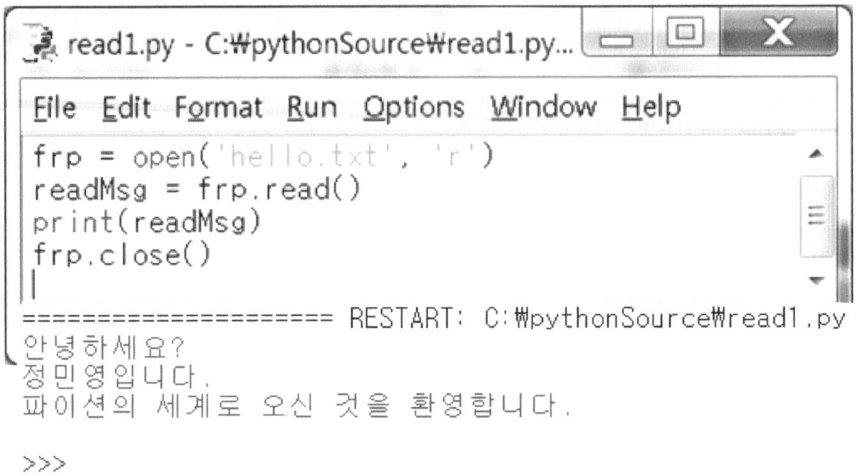

그림 5-4. read()에 의한 데이터파일 지정 읽기 예

그림 5-5. read()에 의한 데이터파일 읽기 예(입력 파일 줄 수 출력)

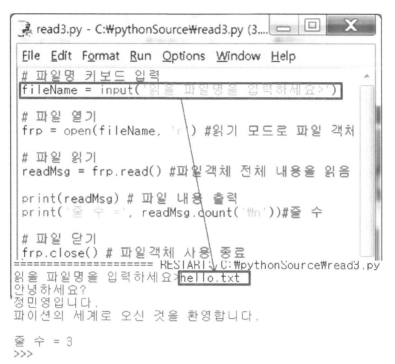

```
read3.py - C:\pythonSource\read3.py (3....
File Edit Format Run Options Window Help
# 파일명 키보드 입력
fileName = input('읽을 파일명을 입력하세요>')

# 파일 열기
frp = open(fileName, 'r') #읽기 모드로 파일 객처

# 파일 읽기
readMsg = frp.read() #파일객체 전체 내용을 읽음

print(readMsg) # 파일 내용 출력
print('줄 수 =', readMsg.count('\n'))#줄 수

# 파일 닫기
frp.close() # 파일객체 사용 종료
======================= RESTART: C:\pythonSource\read3.py
읽을 파일명을 입력하세요>hello.txt
안녕하세요?
정민영입니다.
파이션의 세계로 오신 것을 환영합니다.

줄 수 = 3
>>>
```

그림 5-6. read()에 의한 파일 읽기 예(파일명 키보드 입력 및 줄 수 출력)

그림 5-5는 그림 5-4와 비슷하게 'hello.txt' 파일을 읽어서 출력하되 추가적으로 줄바꿈 문자가 개수를 세어서 알려주는 명령문을 추가한 것이다. 그림 5-6은 파일명을 그림 5-5와 같이 미리 지정하지 않고 프로그램이 실행할 때 키보드에서 읽을 파일명을 입력받아서 해당 파일의 자료를 읽어 들이는 것을 나타낸 것이다.

파이썬에서 텍스트 파일을 읽고자 할 때 파일 열기를 통해 파일처리 모드를 읽기전용인 'r'을 지정하게 되는데, 이외에도 파일 읽기와 관련된 또 다른 추가적인 모드를 사용할 수 있다. 즉 파일처리 모드로 r(읽기 전용)이외에, r+(읽고 쓰기), a+(끝에 추가, 읽기 가능) 등을 통해서도 해당 파일의 데이터를 읽을 수 있다.

텍스트 파일을 읽을 때 텍스트가 어떤 형식의 코드로 작성되었느냐에 따라 제대로 해독하지 못하면 전혀 알 수 없는 문자로 보이게 되므로 read()함수에 의해 파일을 읽을 때 문자열을 표시할 수 있는 형태의 문자코드로 변환시켜주는 것이 필요하다. 특히 홈페이지 파일을 읽을 때 인터넷을 통해 들어오는 파일내용은 통신속도를 위해 다른 문자형식으로 전달되므로 변환이 필요가 있다. 텍스트 파일

을 읽을 때 문자 인코딩(encoding)을 read().decode('utf-8')와 같이 지정하면 읽어지는 텍스트 문자를 'utf-8' 방식으로 변역하여 읽게 된다. 대부분 'utf-8' 방식으로 작성된 홈페이지의 내용을 읽고자 하면 그림 5-7과 같이 하면 된다.

그림 5-7은 홈페이지 파일을 읽는 과정을 나타낸 것으로, 먼저 홈페이지 읽기 함수가 포함된 모듈을 가져와서 그 속에 정의된 함수를 사용하기 위해 import urllib.request와 같이 하고, 여기에 있는 함수 urlopen() 를 이용하여 equestFp = urllib.request.urlopen(requestUrl)와 같이 홈페이지 열기를 한 다음에 readHtml = requestFp.read().decode('utf-8')와 같이 홈페이지 파일을 읽되 'utf-8'으로 인코딩 (encoding)한다. 이 때 홈페이지 URL은 키보드에서 입력받는다.

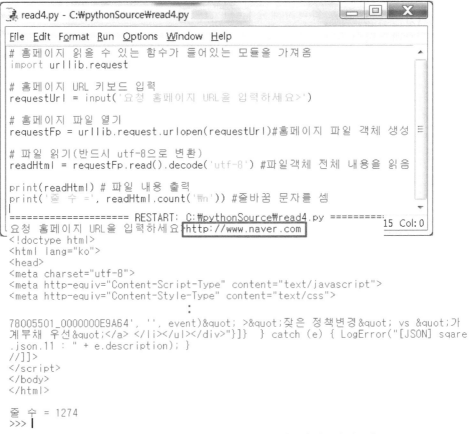

```
# 홈페이지 읽을 수 있는 함수가 들어있는 모듈을 가져옴
import urllib.request

# 홈페이지 URL 키보드 입력
requestUrl = input('요청 홈페이지 URL을 입력하세요>')

# 홈페이지 파일 열기
requestFp = urllib.request.urlopen(requestUrl)#홈페이지 파일 객체 생성

# 파일 읽기(반드시 utf-8으로 변환)
readHtml = requestFp.read().decode('utf-8') #파일객체 전체 내용을 읽음

print(readHtml) # 파일 내용 출력
print('줄 수 =', readHtml.count('\n')) #줄바꿈 문자를 셈
```

```
==================== RESTART: C:\pythonSource\read4.py ==========
요청 홈페이지 URL을 입력하세요>http://www.naver.com
<!doctype html>
<html lang="ko">
<head>
<meta charset="utf-8">
<meta http-equiv="Content-Script-Type" content="text/javascript">
<meta http-equiv="Content-Style-Type" content="text/css">
                              :
78005501_0000000E9A64', '', event)&quot; >&quot;잦은 정책변경&quot; vs &quot;가
계부채 우선&quot;</a> </li></ul></div>"}]}  } catch (e) { LogError("[JSON] sqare
.json.11 : " + e.description); }
//]]>
</script>
</body>
</html>

줄 수 = 1274
>>>
```

그림 5-7. read()에 의한 홈페이지 파일 읽기 예

5.2 파이썬 출력문

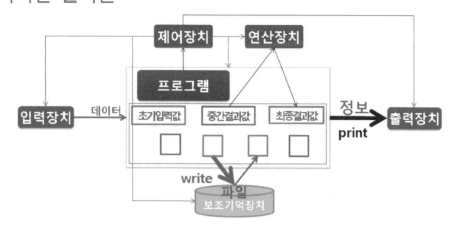

파이썬 출력문에는 메모리 데이터영역에 저장된 데이터값이나 정보를 표준 출력장치를 통해 출력하는 명령문인 print()과 보조기억장치의 파일로 출력하는 명령문인 write()가 있다.

1) print() 함수

print() 함수는 표준 출력장치를 통해 출력대상으로 지정된 인수들을 출력하는 함수이다. 일반적으로 print() 함수는 다음과 같은 형식에 의해 작성된다.

print(인수1[,인수2[,인수3...]])

print()에 지정된 인수로는 상수, 변수, 연산식 등이 올 수 있는데, 그림 5-8과 같이 상수는 그대로 출력하고, 변수는 변수의 데이터값을 출력하며, 연산식은 연산식을 계산한 결과를 출력한다.

```
>>> print(1004, 3.14159, 'I love you.', False)
1004 3.14159 I love you. False
>>> radius = 5
>>> print('반지름=', radius, '원면적=', 3.14159*radius**2)
반지름= 5 원면적= 78.53975
```
그림 5-8. print()에 의한 기본 출력 예

그림 5-8에서 1004, 3.14159, 'L love you.', False, '반지름=', '원면적=' 등은 상수이므로 그대로 출력된다. 그리고 radius는 변수이므로 그 속에 들어있는 값인 5가 출력되고, 3.14159*radius**2는 연산식이므로 그 계산결과값을 출력한다.

print() 함수에 나오는 인수들은 특별한 지정을 하지 않으면 인수들 사이에 공백 하나가 자동으로 나오게 해서 각 인수들의 값을 구분해준다 그런데, 각 인수들 사이를 특별한 문자를 사용해서 구분하고자 할 때는 sep(separation) 속성을 사용하여 그 문자를 지정하면 된다. 만약 아래와 같은 형식으로 sep 속성을 지정하면 인수들을 컴마(,)로 구분한다.

print(인수1[,인수2[,인수3...]], sep=',')

그림 5-9는 구분문자를 지정하지 않은 경우, 구분문자를 컴마(,)로 지정한 경우, 구분문자를 공백으로 지정한 경우를 비교할 수 있게 출력한 예를 나타낸 것이다.

```
>>> print(1004, 3.14159, 'I love you.', False)
1004□3.14159□I love you.□False
>>> print(1004, 3.14159, 'I love you.', False, sep='□')
1004□3.14159□I love you.□False
>>> print(1004, 3.14159, 'I love you.', False, sep='')
10043.14159I love you.False
```

그림 5-9. print()에 의한 출력 예(sep 사용)

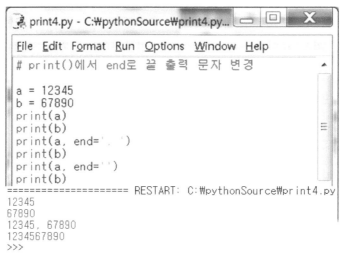

그림 5-10. print()에 의한 출력 예(end 사용)

print() 함수의 또 다른 특성으로, 지정된 인수들이 출력될 때 기본적으로 끝에서 줄바꾸기가 이루어진다. 이는 줄바꾸기 속성이 기본적으로 줄바꿈문자('\n')로 지정되어 있기 때문이다. 그런데 이것도 end 속성을 통해 지정문자를 변경함으로써 끝에 출력되는 출력문자를 바꿀 수 있다.

다음과 같은 형식으로 end 속성을 지정하면 줄바꿈 대신 공백문자로 변경되기 때문에 다음에 출력되는 인수가 공백으로 구분되어 연결된 것처럼 나타난다.

print(인수1[,인수2[,인수3...]], end=' ')

그림 5-10은 end 속성으로 지정된 문자가 ', '이면 다음에 나오는 출력 인수와 ', '으로 연결되고(12345, 67890), end=''과 같이 널문자(공백조차 아닌 것)이면 아무것도 없이 그대로 붙어서(1234567890) 출력되는 것을 나타낸 것이다.

그림 5-11. print()에 의한 문자열 출력 예

그림 5-11은 print() 함수의 인수로 문자열 상수만을 나열하여 의미 있는 모양 (A+ 모양)을 만들어 출력한 예를 나타낸 것이다. 문자열 상수는 ' '나 " "에 의해 싸여있는 문자열을 말한다. 인수가 없는 print()은 아무 것도 아닌 것을 출력하면서 end 속성을 지정하지 않았으므로 기본적으로 줄바꿈 문자를 사용하게 되므로 결과적으로 공백줄을 출력하게 된다.

print() 함수를 사용하여 여러줄 문자열을 입력한 그대로 출력하고자 할 때, ''' ~ '''나 """~"""을 사용하면 된다. 그림 5-12는 ''' ~ '''을 사용하여 입력한 그대로의 문자열을 출력한 예를 나타낸 것이다. 시작위치의 ''' 오른쪽과 끝 위치의 ''' 위쪽 오른쪽 끝 위치에 줄바꿈이 있으므로 해당되는 위치에 공백줄이 출력된다.

그림 5-12. print()에 의한 여러줄 문자열 출력 예

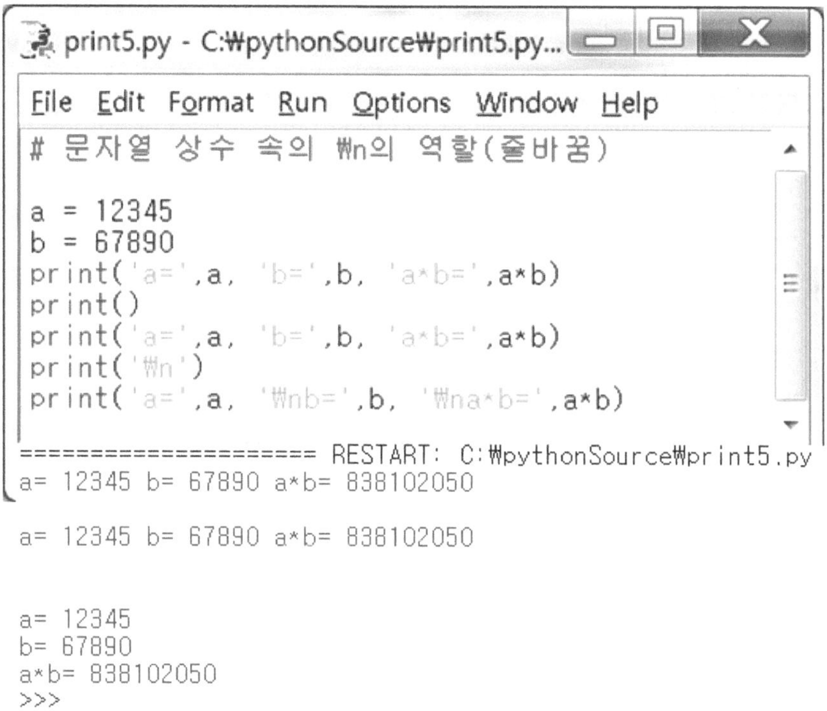
print5.py - C:₩pythonSource₩print5.py...
File Edit Format Run Options Window Help
# 문자열 상수 속의 ₩n의 역할(줄바꿈)
a = 12345
b = 67890
print('a=',a, 'b=',b, 'a*b=',a*b)
print()
print('a=',a, 'b=',b, 'a*b=',a*b)
print('₩n')
print('a=',a, '₩nb=',b, '₩na*b=',a*b)
===================== RESTART: C:₩pythonSource₩print5.py
a= 12345 b= 67890 a*b= 838102050
a= 12345 b= 67890 a*b= 838102050
a= 12345
b= 67890
a*b= 838102050
>>>

그림 5-13. print()에 의한 출력 예(줄바꿈 문자의 사용)

인수가 없는 print() 함수를 사용하여 줄바꿈할 수도 있지만, 줄바꿈 문자('\n')를 사용하여 줄바꿈을 많이 한다. 문자열 상수 속에 \n이 들어있으면 해당되는 줄바꾸기가 수행된다. 그림 5-13에서 print('\n')의 경우, 두 개의 공백줄이 나오게 되는데, 이는 print()만으로도 공백줄이 나오는데다가 인수에 해당되는 줄바꿈문자가 추가적으로 수행되기 때문이다. '\nb='의 경우 '\n'에 의해 줄바꿈이 일어난 후에 'b='이 출력된다.

print() 함수를 통해 출력되는 인수에 대해 일정한 형식에 맞추게 하는 서식 출력의 경우, 서식문자열의 format() 메서드를 서식문자열.format()과 같은 형태로 사용한다. 출력하고자 하는 인수들은 format() 메서드(특정 객체에서 사용할 수 있는 미리 정의된 함수) 속에 정의하고, 각 인수에 대한 서식은 서식문자열에 지정한다. 서식문자열 속의 format()에 나오는 인수의 서식은 {0}, {1}, ... 와 같은 형태로 차례로 대응된다.

```
print6.py - C:\pythonSource\print6.py (3.6.0)
File  Edit  Format  Run  Options  Window  Help
# print() 함수 서식 출력

r1 = 1
r2 = 10
r3 = 100
pi   = 3.14
print(r1, ' * ', pi, ' * ', r1, ' = ', r1*pi*r1)
print(r1)
print(r2)
print(r3)
print(27*'=')
print('{0:3d} * {1:4.2f} * {2:3d} = {3:8.2f}'.format(r1, pi, r1, r1*pi*r1))
print('{0:3d} * {1:4.2f} * {2:3d} = {3:8.2f}'.format(r2, pi, r2, r2*pi*r2))
print('{0:3d} * {1:4.2f} * {2:3d} = {3:8.2f}'.format(r3, pi, r3, r3*pi*r3))
print(31*'=')
print('{0:4d} * {1:5.2f} * {0:4d} = {2:9.2f}'.format(r1, pi, r1*pi*r1))
print('{0:4d} * {1:5.2f} * {0:4d} = {2:9.2f}'.format(r2, pi, r2*pi*r2))
print('{0:4d} * {1:5.2f} * {0:4d} = {2:9.2f}'.format(r3, pi, r3*pi*r3))
print(31*'=')                     ==================== RESTART: C:\pythonSource\print6.py
                    1  *  3.14  *  1  =  3.14
                    1                                                          20 Col: 0
                   10
                  100
                  ==============================
                     1 *  3.14 *    1 =      3.14
                    10 *  3.14 *   10 =    314.00
                   100 *  3.14 *  100 =  31400.00
                  ==============================
                     1 *  3.14 *    1 =      3.14
                    10 *  3.14 *   10 =    314.00
                   100 *  3.14 *  100 =  31400.00
                  ==============================
                  >>>
```
그림 5-14. print()에 의한 서식 출력 예

그림 5-14는 숫자형 인수에 대응되는 서식문자열 형식대로 출력되는 예를 나타
낸 것이다. d는 십진수로 표시되는 정수형이며 3d의 경우 오른쪽을 기준으로 3자
리로 차지한다는 뜻이다. f는 실수형이며 4.2f의 경우 오른쪽을 기준으로 소수점
포함 전체 4자리 차지하되 소수점이하가 2자리를 차지한다는 뜻이다. 그림 5-14
에서 27*'='은 '='을 27번 반복해서 붙인 문자열을 뜻한다. 이는 구분선을 긋는 역
할을 하기 위한 것이다.

2) write() 함수

write() 함수는 보조기억장치의 파일로 지정된 인수들을 출력하는 함수이다.

write() 함수를 통해 파일로 기록하기 위해서는 파일 읽기 과정과 유사하게 반드시 먼저 파일을 열면서 파일 객체를 만들어야 한다. 그리고 기록이 완료된 후에는 반드시 그 파일을 닫아야 부작용이 발생하지 않는다.

fwp = open('hello.txt', 'w')과 같은 텍스트 파일 기록 명령에는 파일처리모드를 지정해야 하는데 여기에서 'w' 은 'write only' 의미로 단지 기록만 하겠다는 의미이다. fwp = open('hello.txt', 'w', encoding='utf-8')과 encoding 속성에 인코딩방식을 지정할 수 있는데 여기에서 'utf-8'은 유니코드를 위한 가변길이 문자코드방식 중 하나로 특히 HTML5 파일을 작성 기본 방식이므로 대부분의 홈페이지에 적용되어 널리 사용되고 있다.

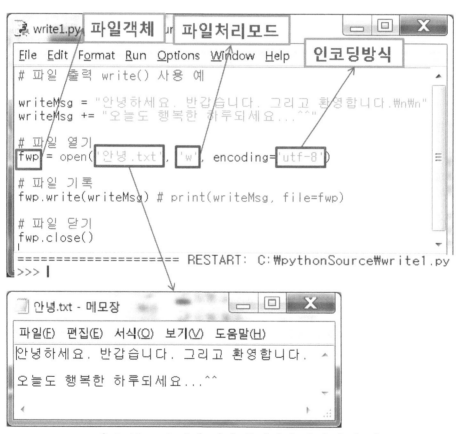

그림 5-15. write()에 의한 문자열의 파일 출력 예

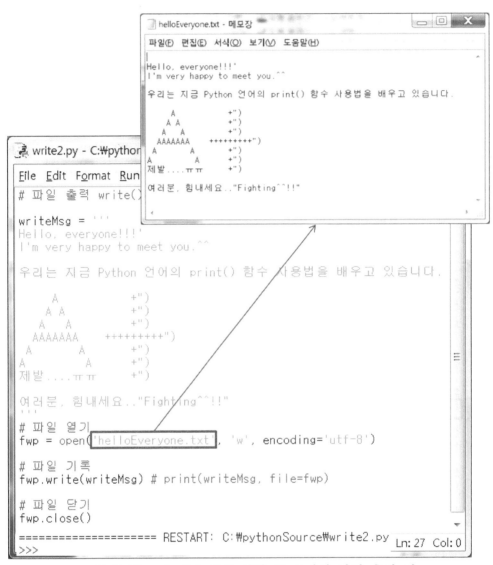

그림 5-16. write()에 의한 여러 줄 문자열 파일 출력 예

그림 5-15는 '안녕.txt' 파일을 쓰기 모드로 열어서 생성한 다음 writeMsg 변수에 보관된 문자열 내용을 출력하여 파일에 기록되게 하고, fwp.close()와 같이 파일을 닫기로 마무리한 것을 나타낸 것이다. writeMsg 변수에 += 연산이 사용된 것은 먼저 있는 문자열 내용에 += 뒤에 나오는 문자열 내용을 추가로 덧붙이라

는 것이다. fwp.write(writeMsg) 은 변수에 보관된 데이터를 파일로 기록하는 명령문이다. 이것은 print() 함수에 출력파일객체를 print(writeMsg, file=fwp)와 같이 fwp로 지정하여 표준 출력장치가 아닌 파일로 출력되게 할 수 있다. 여기서 utf-8로 기록한 것이나 텍스트파일을 작성하는 메모장에서 utf-8형식으로 저장하여 만든 파일의 경우, 나중에 파일객체를 통해 읽기위한 파일열기를 할 때, frp=open('안녕.txt', 'r', encoding='utf-8')와 같이 open()의 encoding 속성으로 'utf-8'으로 지정해야 한다.

그림 5-16은 여러줄 문자열을 입력한 그대로 출력하고자 할 때 사용하는 ''' ~ '''나 """~"""에 의해 만들어진 문자열을 파일로 기록한 예를 나타낸 것이다. 시작위치의 ''' 오른쪽과 끝 위치의 ''' 위쪽 오른쪽 끝 위치에 줄바꿈이 있으므로 해당되는 위치에 공백줄이 출력되므로 새로 생성되는 'helloEveryone.txt' 파일의 내용 앞뒤에 공백줄이 들어가 있다.

파이썬에서 텍스트 파일을 기록할 때 파일 열기를 통해 파일처리 모드를 쓰기 전용인 'w'로 지정하게 되는데, 이외에도 파일 쓰기와 관련된 또 다른 추가적인 모드를 사용할 수 있다. 즉 파일처리 모드로 w(쓰기 전용)외이에, a(끝에 추가), a+(끝에 추가, 읽기 가능) 등을 통해서도 해당 파일에 데이터를 기록할 수 있다.

그림 5-17과 같은 홈페이지가 나오게 하는 HTML5 파일을 출력하는 예와 그 결과가 홈페이지로 나타나는 관계를 보여주는 것이 그림 5-18이다. 그림 5-18은 writeMsg에 들어있는 여러 줄로 이루어진 홈페이지 원시코드 내용을 'utf-8' 형식으로 인코딩하여 'hello.html' 파일로 출력한 것을 나타내고 있으며, 그 내용이 <!DOCTYPE HTML>로 시작하는 것으로 보아 HTML5 형식이며, 아울러 'hello.html' 파일이 웹브라우저에 읽혀서 표시된 결과를 함께 보여주고 있다.

그림 5-17. 홈페이지 파일 예

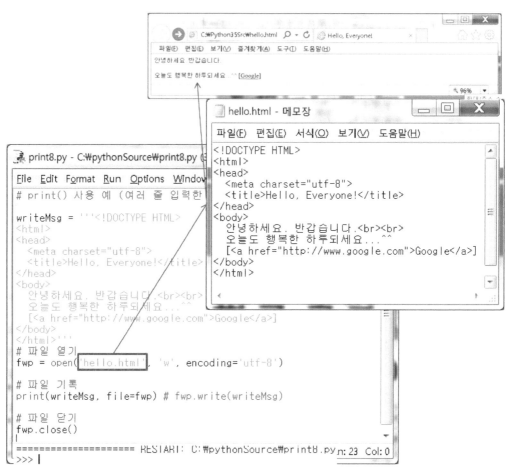

그림 5-18. print()에 의한 홈페이지 파일 출력 예

연습문제 5

[기초문제]

※ 빈 칸에 가장 알맞은 말을 넣으시오.

1. Python 입력문에는 표준(키보드)입력 명령을 수행하는 (   ) 함수와 파일 읽기 명령을 수행하는 (   ) 함수가 있다.

2. input()함수는 (   )을 하나 입력 받아 반환하는 함수로서 프로그램을 일시 정지하고 대기하다가, 사용자가 문자열 데이터를 입력하고 (   )를 누르면 그 문자열 데이터를 넘겨준다.

3. input()함수는 변수에 문자열을 입력받는 용도와 (   )를 누를 때까지 기다리는 용도로 사용한다.

4. 파일 읽는 과정은 파일 (   )-->파일 (   )-->파일 닫기 순으로 수행된다.

5. 파일 열기 명령 frp = open('hello.txt', 'r') 에서 파일객체는 (   )이고, 파일처리 모드는 (   )로 읽기 모드이다.

6. 읽기와 관련된 파일처리 모드에는 읽기 전용인 r, 읽고 쓰기인 (   ), 끝에 추가할 수 있고 읽기 가능한 (   ) 등이 있다.

7. Python 출력문에는 표준 출력 명령을 수행하는 (   ) 함수와 파일 기록 명령을 수행하는 (   ) 함수가 있다.

8. print()함수는 지정된 (   )들을 출력하는 함수로서 이것에 해당되는 것 중에서 (   )는 그대로 출력하고, (   )는 그 데이터값을 출력하며, (   )은 그것을 계산한 결과를 출력한다.

9. print()함수는 기본적으로 지정된 인수들을 출력할 때 기본적으로 (   ) 으로 구분하지만 sep를 통해 다르게 지정할 수 있는데 ,로 구분하게 하려면 (   )와 같이 지정하면 된다.

10. print() 함수에 지정된 인수들이 출력될 때 기본적으로 끝에서 줄바꾸기를 하지

만 (   )를 통해 끝에 출력되는 출력문자를 바꿀 수 있는데, (   )와 같이 지정하면 그 다음 print()로 출력되는 것과 공백으로 구분되어 연결된다.

11. 파일 기록 과정은 파일 (   )-->파일 (   )-->파일 닫기 순으로 수행된다.

12. 파일 기록 명령 fwp = open('hello.txt', 'w', encoding='utf-8') 에서 파일객체는 (   )이고, 파일처리모드는 (   )으로 쓰기 모드이며, 인코딩방식는 (   )이다.

13. 여러줄 문자열 출력하려면 문자열을 (   )나 (   )으로 양쪽을 감싸면 된다.

14. 문자열 상수 속에 (   )이 들어있으면 줄바꾸기가 수행된다.

15. 인수가 없는 (   ) 함수를 사용하여 줄바꿈할 수도 있지만, 줄바꿈문자('\n')를 사용하여 줄바꿈을 많이 한다.

16. print() 함수를 통해 출력되는 인수에 대해 일정한 형식에 맞추게 하는 서식 출력의 경우, 서식문자열의 format() 메서드를 (   )과 같은 형태로 사용한다. 출력하고자 하는 인수들은 (   ) 메서드 속에 정의하고, 각 인수에 대한 서식은 (   )에 지정한다.

17. 숫자형 인수에 대응되는 서식문자열 중에서, d는 (   )로 표시되는 정수형이며 3d의 경우 오른쪽을 기준으로 3자리로 차지한다는 뜻이다. f는 실수형이며 (   )의 경우 오른쪽을 기준으로 소수점 포함 전체 4자리 차지하되 소수점이하가 2자리를 차지한다는 뜻이다.

18. print('\n')의 경우, (   ) 개의 공백줄이 나오게 되는데, 이는 print()만으로도 공백줄이 나오는데다가 인수에 해당되는 줄바꿈문자가 추가적으로 수행되기 때문이다. '\nb='의 경우 (   )에 의해 줄바꿈이 일어난 후에 'b='이 출력된다.

19. 파이썬에서 텍스트 파일을 기록할 때 파일 열기를 통해 파일처리 모드를 쓰기 전용인 (   )로 지정하게 되는데, 이외에도 (   )(끝에 추가), a+(끝에 추가, 읽기 가능) 등을 통해서도 해당 파일에 데이터를 기록할 수 있다.

[심화문제]

1. 다음과 같은 결과 파일을 출력하는 파이썬 프로그램을 빈 칸을 채워 완성하시오.

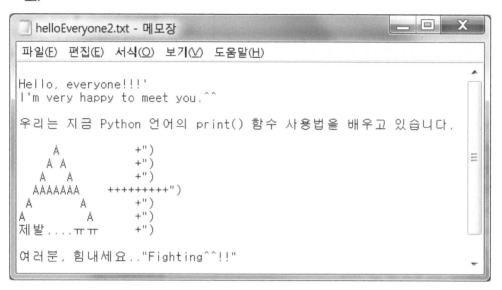

```
writeMsg =
Hello, everyone!!!'
I'm very happy to meet you.^^

우리는 지금 Python 언어의 print() 함수 사용법을 배우고 있습니다.

    A           +")
   A A          +")
  A   A         +")
 AAAAAAA    +++++++++")
 A       A      +")
A         A     +")
제발....ㅠㅠ      +")

여러분, 힘내세요.."Fighting^^!!"
'''
fwp = open('                        ', '        ', encoding='utf-8')
print(writeMsg, file=fwp) # fwp.write(writeMsg)
fwp.      ()
```

제6장
알고리즘 개요

　알고리즘(algorithm)은 문제해결 방법에 해당된다. 어떤 목적을 달성하거나 특별한 결과를 도출해내야 할 때, 직면하는 여러 문제들을 해결해야하는 상황이 발생하고 이 문제를 해결하기 위한 여러 가지 방법들이 고려될 수 있다. 예를 들어 학교로 가는 길은 여러 경로가 있을 수 있고, 걸어서 가거나, 자전거, 버스, 또는 자가용 등을 타고 갈 수 있듯이 여러 방법들이 있다. 여기서 각 방법들은 다른 경로나 수단, 그리고 활동들로 이루어져 있고 각기 다른 시간과 비용이 소요될 수 있다. 또한 일상생활 속에서 라면 끓이는 방법이나 고전미로 게임에서 하늘다람쥐가 도토리를 찾아가는 방법도 하나의 알고리즘에 해당된다. 알고리즘은 현 상황에서 어떤 방법이 가장 좋을 지를 생각해보고 가장 효율적이고 효과적인 방법을 선택할 수 있는 능력을 배양하는데 꼭 필요하다. 알고리즘을 잘 세우게 되면 프로그래밍 언어를 통해 컴퓨터를 동작시켜 문제를 해결하는 것도 잘 할 수 있게 된다.

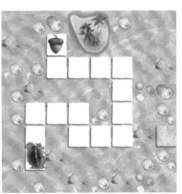 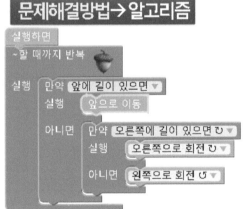

6.1 알고리즘 중요성

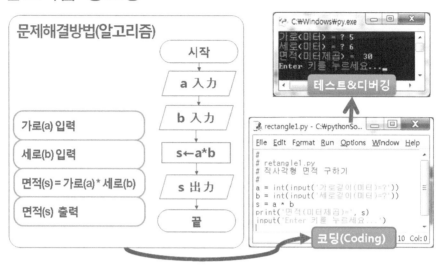

특정 문제에 대한 해결방법을 제대로 표현해야 그 표현된 것을 기반으로 프로그래밍 언어를 통해서 코딩하여 실제 컴퓨터에게 제대로 명령을 주어서 원하는 결과를 도출할 수 있다. 따라서 문제해결방법을 표현하는 알고리즘은 컴퓨터에게 제대로 일을 시키기 위한 기초에 해당되기 때문에 그 무엇보다 중요하다. 만약 알고리즘을 작성하기 않고 곧바로 컴퓨터에게 명령을 주면 누락되거나 중복되거나 순서에 맞지 않은 경우가 발생하므로 너무나 많은 시행착오를 겪을 수밖에 없다. 따라서 미리 문제를 분석해서 그 문제를 어떻게 해결할 것인가를 생각하고 그 방법을 기술하는 것, 즉 알고리즘을 기술하는 것은 컴퓨터프로그래밍 기초로서 매우 중요하다. 또한 알고리즘은 최소한 시간과 노력으로 원하는 결과를 얻는 또는 원하는 목표에 노달하는 효율적이고 효과적인 방법을 나타내는 것이기 때문에 그 자체로서 의미가 크고 컴퓨터과학이라는 학문이 알고리즘을 위한 학문이라고 해도 좋을 정도로 알고리즘이 컴퓨터과학에서 차지하는 비중이 크다.

또한 우리에게 충격적으로 다가오고 있는 4차 산업혁명의 핵심은 정보기술에 지능을 부여한 지능정보기술이라면 지능정보기술의 핵심은 지능을 구현하는 소프트웨어이며, 그 소프트웨어의 대부분은 프로그램이고, 그 프로그램을 작성하는 근간에 해당되는 것이 알고리즘이므로 그만큼 알고리즘은 중요하다.

알고리즘(algorithm)이란 말은 수학자이자 천문지리학자였던 Al-Khwārizmī (Persian: 780-850)라는 페르시아 사람의 이름에서 유래된 것이다. 알고리즘은 어떤 종류의 문제를 해결하는 특별한 방법, 특정한 일을 하기 위한 명령들의 유한한 집합, 원하는 결과를 얻기 위한 명령 단계의 계획적 구성 이라 할 수 있다. 따라서 수학문제 알고리즘, 작업 매뉴얼(알고리즘), 위기관리 매뉴얼(알고리즘), 안전관리 매뉴얼(알고리즘), TV방송편성 알고리즘, 최적경로탐색 알고리즘, 인공지능 알고리즘, 신경망 알고리즘, 컴퓨터 알고리즘 등으로 말할 수 있다. 앞으로는 주로 컴퓨터에서 사용하는 컴퓨터알고리즘에 대해 살펴보겠지만 최적경로탐색 알고리즘, 인공지능 알고리즘, 신경망 알고리즘 등과 같이 대부분의 경우 컴퓨터를 이용하여 문제를 해결하기 때문에 함께 컴퓨터알고리즘으로 볼 수 있다.

그림 6-1은 인터넷을 통해 수집한 알고리즘 예로서, '화재시 대응 체계', '방송프로그램 편성표', '인공신경망 모델', '모바일 학생증 발급 절차' 등을 나타낸 것이다. 그림 6-2는 보행자 신호등 건너기와 일차방정식 해를 나타내는 알고리즘의 예이다. 여기에 표현된 각 단계들은 그 순서가 바뀌거나 누락되면 전혀 엉뚱한 결과를 초래할 수 있기 때문에 정확한 절차를 따르도록 알고리즘을 만드는 것이 중요하다.

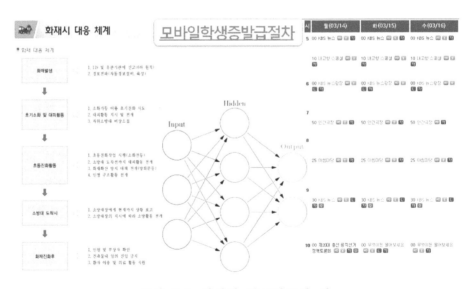

그림 6-1. 다양한 알고리즘의 예

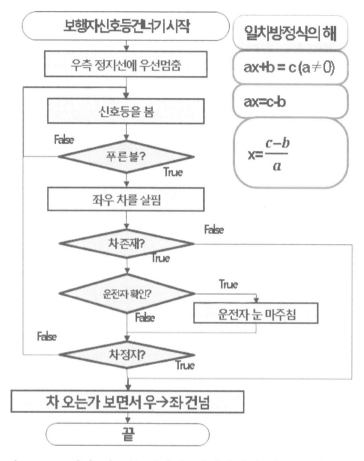

그림 6-2. 보행자 신호등 건너기, 일차방정식 해 알고리즘의 예

그림 6-2의 보행자 신호등 건너기 알고리즘의 핵심은 건널목 신호등을 건널 때 '정지선에 우선 멈춘 다음 신호등을 보고 푸른 불이면 좌우의 차가 오는가를 살 핀 다음, 차가 있으면 운전자를 확인하여 눈을 마주친 다음 차가 정지되었으면 건널목 우측에서 좌측으로 차가 오는가 보면서 건너라.'는 것이고 그렇지 않은 상 황에 대한 대처를 함께 표시한 것이다. 이것은 문제해결방법이나 절차에 해당되 는 알고리즘을 누구라도 알 수 있는 형태로 명확하게 표현한 예의 하나이다.

알고리즘 중에서 컴퓨터로 문제를 해결하기 위한 방법을 컴퓨터 알고리즘이라 고 하며, 컴퓨터 알고리즘이 정확해야 정확한 결과를 얻을 수 있다. 보다 구체적 으로 말하면 컴퓨터 알고리즘이란 컴퓨터에 적용할 명령 단계의 계획적인 집합에 해당되며, 입력, 출력, 명확성, 유한성, 유효성 기준을 만족해야 한다. 즉, 입력은 0개 이상, 출력은 1개 이상이 되어야 한다는 것이고, 명확성은 수행되는 각 단계의 명령이 애매모호하지 않고 명확하고 분명해야 한다는 것이다. 만약 a=5 라고 표현하면 명확하지만 a가 5일수도 있고 6일수도 있다고 표현하면 명확하지 않은 것이다. 유한성은 유한한 단계를 거친 후 반드시 종료해야 한다는 것이고, 유효성은 각 명령이 원칙적으로 한정된 시간 내에 사람의 수작업으로 수행할 수 있는 그러한 것을 말한다.

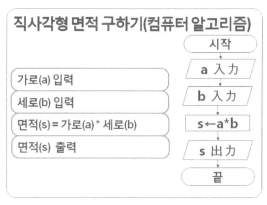

그림 6-3. 컴퓨터 알고리즘의 예(직사각형 면적 구하기)

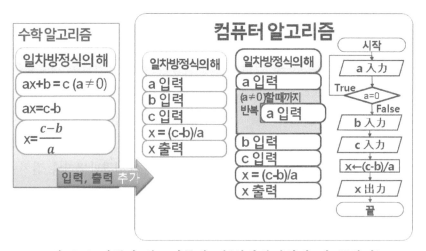

그림 6-4. 컴퓨터 알고리즘의 예(일차방정식의 해 구하기)

그림 6-3은 직사각형 면적을 구하는 컴퓨터 알고리즘을 나타낸 것이다. 입력은 2개이고, 출력은 1개이며, 4가지의 명확한 단계로 구성되어 있으며 4단계를 거치면 끝이 나므로 유한성도 갖추고 있고, 각 단계는 사람이 수작업으로도 할 수 있는 것들이므로 유효성도 갖추고 있다. 따라서 그림 6-3에 기술된 알고리즘은 입력, 출력, 명확성, 유한성, 유효성 기준을 만족하고 있다.

그림 6-4는 일차방정식의 해를 구하는 수학 알고리즘을 기초로 이를 컴퓨터에서 해결하는 알고리즘, 즉 컴퓨터 알고리즘으로 변환한 것을 나타낸 것이다. 컴퓨터는 데이터를 입력받아 프로그램에 의해 처리한 다음, 정보를 출력해내는 전자식 기계이므로 컴퓨터 알고리즘에는 필요한 경우 반드시 입력과 출력이 들어가야 한다. 따라서 수학알고리즘을 컴퓨터알고리즘으로 변환하기 위해서는 수학 알고리즘에 입력과 출력을 추가해야 한다. 이러한 이유로 그림 6-4에 컴퓨터 알고리즘으로 표현된 3가지 중에 첫 번째로 나오는 컴퓨터 알고리즘에는 자료에 해당되는 a, b, c를 입력 받는 부분과 이를 바탕으로 해에 해당되는 x를 계산한 다음, x를 출력하는 부분이 추가되어 있다. 그런데 첫 번째 컴퓨터 알고리즘에서 a값으로 0이 입력되어 버리면 당장 (c-b)/a 계산을 할 수 없을 뿐만 아니라 일차방정식의 기본 조건에도 해당되지 않은 결과를 초래하는 문제점을 가지고 있다. 이를 해결하기 위해 두 번째와 세 번째로 나오는 컴퓨터 알고리즘은 일차방정식이 되기 위한 조건에 해당되는 a≠0이 반영된 것을 각각 코드닷오알지에서 표현한 블록조합도와 순서도 형태로 나타낸 것이다.

그림 6-5는 일차방정식의 해를 구하는 수학 알고리즘과 여기에 입력과 출력을 추가하여 간단히 표현한 컴퓨터 알고리즘, 그리고 이를 파이썬(Python) 언어를 통해 코딩하고 실행한 결과를 나타낸 것이다. 비록 a에 대한 조건을 포힘시키지 못한 한계가 있지만 이는 뒷부분에서 단계적으로 알아가기로 하고, 대신 a를 입력받을 때 프롬프트(prompt)에 해당되는 메시지로 'a-?(a는 0이 아닌 숫자)'가 나오게 한 것이다. 여기서 float()는 input()으로 입력받은 문자열 숫자를 실수형(float) 숫자로 변환시켜주는 역할을 한다. input()으로 입력받은 것은 숫자를 입력해도 문자열로 반환되므로 이를 숫자로 변환해야 제대로 사칙연산을 할 수 있다. 이는 사람과 다른 파이썬 언어의 한계이기도 하다.

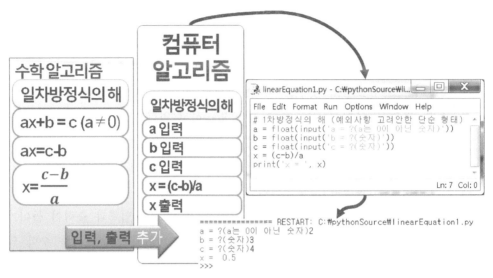

그림 6-5. 컴퓨터 알고리즘의 코딩 및 실행 예(일차방정식의 해 구하기)

왜 알고리즘이 중요한 지를 재차 요약해서 살펴보면, 알고리즘은 문제해결방법으로 시간과 노력을 효율적으로 활용하여 원하는 결과를 얻거나 목적을 달성하는 것을 효과적으로 할 수 있게 해주므로 인간생활 전반에 걸쳐 활용도가 매우 높으며 그 만큼 중요하다. 그리고 컴퓨터 알고리즘은 가능한 적은 명령단계로 구성될 때 효율적이어서 보다 빠른 시간에 처리되며, 가능한 적은 변수를 사용할 때 기억용량이 절약되는 효과를 거둘 수 있기 때문에 프로그램 작성 기초로서도 매우 중요하다. 그 뿐만 아니라 컴퓨터과학을 알고리즘을 실행하기 위한 기계, 알고리즘을 기술하기 위한 언어, 알고리즘에 대한 기초, 알고리즘의 분석 등의 분야로 생각할 정도로 컴퓨터과학에서 알고리즘은 보다 특별한 의미를 가지며 중요하게 다루어지고 있다.

6.2 알고리즘 기술방법

특정 문제에 대한 해결방법에 해당되는 알고리즘을 도출하는 것이 중요하듯이 알고리즘을 누구나 쉽게 이해할 수 있는 형태로 표현하고 기술하는 것도 매우 중요하다.

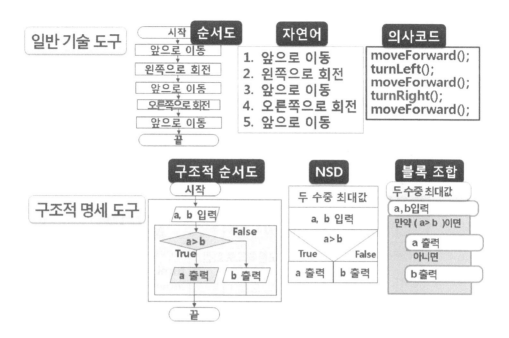

알고리즘을 기술하는 일반적인 도구에는 순서도, 자연어, 의사코드 등이 있으며, 코드닷오알지에서도 소개했던 순차, 분기, 반복 구조의 구조적 프로그래밍을 하는데 적합한 구조적 명세 도구로 구조적 순서도, NSD, 블록조합도 등이 있다.

1) 일반 기술 도구

알고리즘을 잘 이해할 수 있도록 하기 위해서는 누구나 쉽게 익숙할 수 있는 약속된 방법으로 기술해야 한다. 또한 알고리즘은 특정 프로그래밍 언어로 코딩되어야 하므로 가능한 간단하고 명확하게 표현되어야 한다.

일반 기술 도구로 널리 사용되는 순서도는 도형 기호를 사용하여 시각적으로 보다 쉽게 이해할 수 있도록 알고리즘을 기술하는 방법이고, 자연어는 우리가 흔히 사용하는 한글이나 영문으로 알고리즘을 기술하는 방법이다. 의사코드는 특정 프로그래밍 언어도 자연어도 아닌 중간 형태로 알고리즘을 기술하는 방법으로 코드닷오알지에서는 자바스크립트 형태의 의사코드로 코딩 결과가 표시되는 것을 알 수 있다.

그림 6-6은 일반 기술 도구에 해당되는 알고리즘 기술 방법인 순서도, 자연어, 의사코드를 사용하여 코드닷오알지에서 '앵그리버드'가 '나쁜 돼지'를 찾아가는

특수한 상황에서의 알고리즘을 표현한 것이다. 순차 구조에 해당되므로 구조적
명세도구에 해당되는 블록조합도와도 유사한 형태로 표현된다.

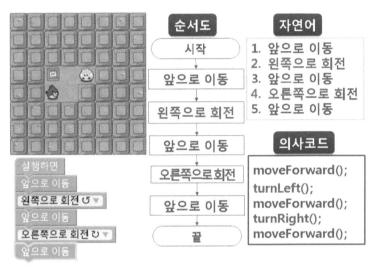

그림 6-6. 다양한 컴퓨터 알고리즘 기술 방법

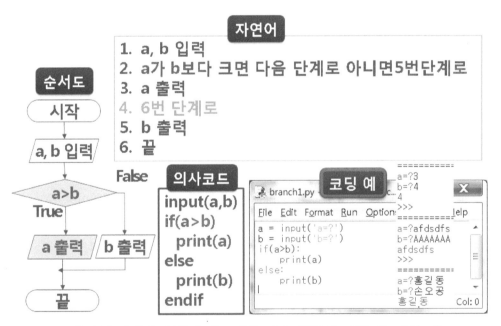

그림 6-7. 다양한 컴퓨터 알고리즘 기술 방법과 코딩 및 실행 예

그런데 두 수의 크기를 비교하는 그림 6-7의 경우는 조건에 따라 분기하는 형태가 되므로 자연어로 표현할 경우 상당히 불편해 보인다. 이에 비해 순서도와 의사코드는 이해하기 쉬운 형태로 표현된다. 그림 6-7에는 기술된 알고리즘을 바탕으로 파이썬을 이용하여 코딩하여 실행한 결과까지 보여주고 있다. 문자열로 입력되는 a와 b를 비교하여 큰 것을 출력하는데 만약 숫자 대신 일반 문자를 입력할 경우에는 문자의 유니코드를 비교한다. 영문자의 경우에 소문자가 대문자보다 큰 알파벳 오름차순이며, 한글의 경우에는 가나다 오름차순의 크기를 갖는다.

순서도는 도형기호를 사용하여 시각적으로 보다 쉽게 알고리즘을 이해할 수 있도록 한 것이다. 딱딱한 자연어보다는 그림형태의 도형기호를 사용하여 알고리즘의 흐름과 절차를 보다 쉽게 이해할 수 있도록 표현한 것이다. 그림 6-8은 시작과 끝을 나타내는 단말 기호, 입력과 출력을 나타내는 입출력 기호, 계산이나 할당을 나타내는 처리 기호, 조건에 따라 처리를 달리하고자 할 때 사용하는 판단 기호, 미리 정의된 처리나 함수를 나타내는 부프로그램 기호, 흐름선을 연결하는 연결기호 등을 나타낸 것이다.

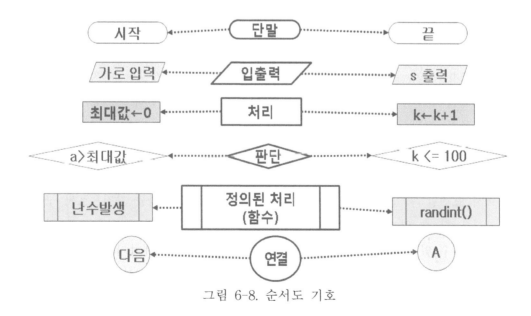

그림 6-8. 순서도 기호

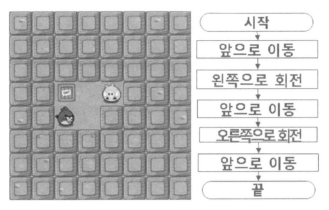

그림 6-9. 순서도 작성 예

그림 6-9는 순서도는 코드닷오알지에서 '앵그리버드'가 '나쁜 돼지'를 찾아가는 특수한 상황에서의 알고리즘을 표현한 것으로 '앵그리버드'가 '앞으로 이동', '왼쪽으로 회전', '앞으로 이동', '오른쪽으로 회전', '앞으로 이동'을 차례로 수행하면 '나쁜 돼지'를 잡을 수 있다는 흐름을 한 눈에 알 수 있게 해준다.

2) 구조적 명세 도구

구조적 명세 도구는 한마디로 구조적 코딩을 하기 위한 도구이다. 구조적 코딩이란 가독성을 높이기 위해 알고리즘을 순차, 분기, 반복의 블록 구조로 표현하되, 순차, 분기, 반복 블록은 독립적으로 표현되면서도 서로를 내포하는 구조로 구성되며 현대의 프로그래밍 언어는 대부분 이 구조를 지원하고 있다.

구조적 코딩 지원하는 구조적 명세 도구에는 구조적 순서도, NSD(Nassi‐Shneiderman Diagram), 블록조합도(코드닷오알지) 등이 있다.

구조적 순서도는 순서도이면서도 순차, 선택, 반복 구조를 하나의 블록으로 묶어서 표현할 수 있고, 이들이 서로를 포함할 수 있는 형태를 가짐으로써 구조적 코딩을 할 수 있게 해준다. 전체 프로그램을 블록들의 순차 구조나 블록 하나로 표현할 수 있을 정도로 단순화시켜 표현함으로써 보다 이해하기 쉽게 만드는 명세 도구이다. 그림 6-10은 순차, 분기, 반복 구조를 표현한 기본적인 구조적 순서도를 나타낸 것이다.

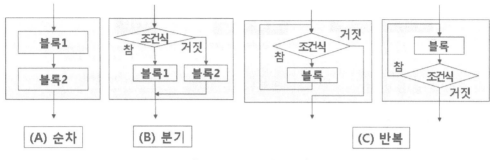

그림 6-10 구조적 순서도

그림 6-11. NSD

구조적 순서도는 흐름선 때문에 자칫 일반 순서도로 변할 수 있는 가능성이 존재한다는 것이 단점 중의 하나이다. 이러한 구조적 순서도의 단점을 보완하여 순차, 분기, 반복 블록 구조만으로 알고리즘을 표현할 수 있도록 하여 구조적 코딩을 쉽게 할 수 있게 한 명세도구가 바로 NSD이다. NSD는 순서도의 흐름선을 없애고 반복구조 표현의 애매성을 제거해서 전체적으로 산만하지 않고, 알고리즘을 일목요연하게 볼 수 있게 하고, 블랙박스를 그대로 상세화 한다는 기분으로 만들 수 있도록 각 요소가 구성되어 있어서 알고리즘을 표현하기가 비교적 용이하다. 그림 6-11은 순차, 분기, 반복 구조를 표현한 기본적인 NSD를 나타낸 것이다.

그림 6-12는 구조적 순서도, 블록조합도, NSD 등의 구조적 명세도구를 사용하여 두 수중 최대값을 구하는 알고리즘을 기술하고 이를 파이썬으로 코딩하여 실행한 결과를 나타낸 것이다. 그림 6-12에 있는 구조적 순서도에서 사각박스로 구별되는 것이 각각 하나의 블록을 나타내며, 크게 입력 블록, 조건에 따라 출력을 달리하는 블록으로 구성된 것으로 볼 수 있으며, 아예 두 블록을 포함한 전체를 하나의 블록으로 볼 수도 있다. 그리고 구조적 순서도의 흐름선을 없애고 블록 단위로만 표현한 것이 블록조합도와 NSD의 예에 해당된다.

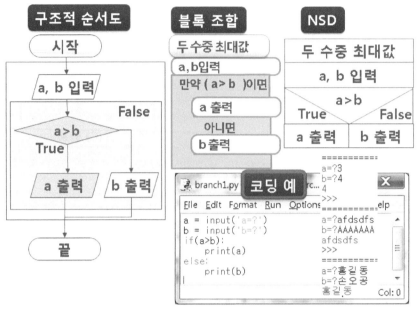

그림 6-12. 다양한 구조적 명세도구 표현과 코딩 및 실행

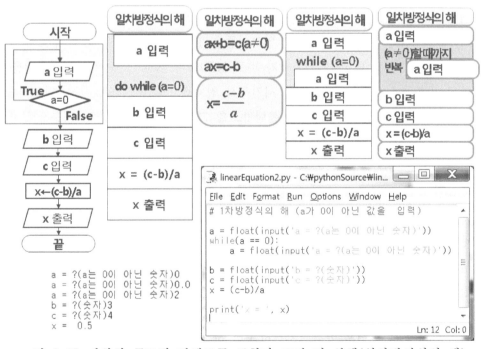

그림 6-13. 다양한 구조적 명세도구 표현과 코딩 및 실행(일차방정식의 해)

그림 6-13은 구조적 순서도, 블록조합도, NSD 등의 구조적 명세도구를 사용하여 일차방정식의 해를 구하는 알고리즘을 기술하고 이를 파이썬으로 코딩하여 실행한 결과를 나타낸 것이다. 모두 a가 0이 아닌 값이 입력될 때까지 반복 수행하는 반복 구조를 하나의 블록으로 표현함으로써 전체적으로 순차구조로 볼 수 있는 관점을 제공하여 각자의 특성을 살려서 보다 이해하기 쉽게 만들었다.

연습문제 6

[기초문제]

※ 빈 칸에 가장 알맞은 말을 넣으시오.

1. (   )은 어떤 종류의 문제를 해결하는 특별한 방법에 해당된다.
2. 알고리즘은 원하는 결과를 얻기 위한 (   ) 단계들이 계획적으로 구성된 것이다.
3. (   )은 컴퓨터로 문제를 해결하기 위한 방법이다.
4. 컴퓨터 알고리즘은 입력, (   ), 명확성, 유한성 유효성 기준을 만족해야 한다.
5. 컴퓨터 알고리즘에서 (   )은 0개 이상, (   )은 1개 이상 나와야 한다.
6. 컴퓨터 알고리즘에서 (   )은 수행되는 각 단계의 명령이 애매모호하지 않고 명확하고 분명해야 한다는 것이다.
7. 컴퓨터 알고리즘에서 (   )은 유한한 단계를 거친 후 반드시 종료되어야 한다.
8. 컴퓨터 알고리즘에서 (   )은 각 명령이 원칙적으로 한정된 시간 내에 사람의 수작업으로 수행할 수 있는 그러한 것을 말한다.
9. (   )은 문제해결방법으로 시간과 노력을 (   )적으로 활용하여 원하는 결과를 얻거나 목적을 달성하는 것을 (   )적으로 할 수 있게 해주므로 인간생활 전반에 걸쳐 활용도가 매우 높으며 그 만큼 중요하다.
10. (   )은 가능한 적은 명령단계로 구성될 때 효율적이어서 보다 빠른 (   )에 처리되며, 가능한 적은 변수를 사용할 때 (   )이 절약되는 효과를 거둘 수 있기 때문에 프로그램 작성 기초로서도 매우 중요하다.
11. (   )을 알고리즘을 실행하기 위한 기계, 알고리즘을 기술하기 위한 언어, 알고리즘에 대한 기초, 알고리즘의 분석 등의 분야로 생각한다.

12. ( )을 잘 이해할 수 있도록 하기 위해서는 누구나 쉽게 익숙할 수 있는 방법으로 기술해야 한다.

13. 알고리즘은 특정 프로그래밍 언어로 코딩되어야 하므로 가능한 ( )하고 ( )하게 표현되어야 한다.

14. ( )는 도형 기호를 사용하여 시각적으로 보다 쉽게 이해할 수 있도록 알고리즘을 나타낸 것이다.

15. ( )는 우리가 흔히 사용하는 한글이나 영문으로 알고리즘을 기술하는 방법이다.

16. ( )코드는 특정 프로그래밍 언어에 속하지 않으면서도 자연어도 아닌 중간 형태를 갖는 것이다.

17. 구조적 ( )이란 가독성을 높이기 위해 알고리즘을 순차, 분기, 반복의 블록 구조로 표현하는 것이며, 순차, 분기, 반복 블록은 독립적으로 표현되면서도 서로를 ( )하는 구조로 표기된다.

18. 구조적 순서도는 순차, 선택, 반복 구조를 하나의 ( )으로 묶어서 표현할 수 있고, 이들이 서로를 포함할 수 있는 형태를 가짐으로써 구조적 코딩을 할 수 있게 한다.

19. ( )는 순서도의 단점을 보완하여 순차, 분기, 반복 블록 구조만으로 알고리즘을 표현할 수 있도록 하여 구조적 코딩을 쉽게 할 수 있게 한 명세 도구로서 순서도의 ( )을 없애고 반복구조 표현의 애매성을 제거해서 전체적으로 산만하지 않고, 알고리즘을 일목요연하게 볼 수 있게 한다.

[심화문제]

1. 자신의 목표를 말하고, 그 목표를 달성하기 위해 지금부터 어떻게 할 것인지를 나타내는 알고리즘을 작성하시오.

2. 라면을 끓이는 자신만의 방법을 나타내는 알고리즘을 작성하시오.

3. 자신의 빨래를 어떻게 하는지를 나타내는 알고리즘을 작성하시오.

4. 사다리꼴 면적을 구하는 컴퓨터 알고리즘을 작성하시오.

5. 삼각형 면적을 구하는 컴퓨터 알고리즘을 작성하시오.

제7장
알고리즘 실제

현실의 문제를 추상화하여 이상적인 모델로 표현하거나 가상 세계의 문제를 모델화하고 해결방법을 컴퓨터 알고리즘으로 실제적으로 표현할 수만 있다면, 언제든지 코딩을 통해서 명령문을 컴퓨터에 입력하고 실행할 수 있으므로 컴퓨터를 통하여 문제를 해결책을 찾고 필요에 따라 현실에 적용할 수 있다. 대표적인 컴퓨터 알고리즘의 실제적이고 기본적인 몇 가지 예를 통하여 기초적인 모델링 능력과 효율적인 모델링 감각을 익히고, 파이썬 언어를 통해 코딩과 실행 예를 확인할 수 있도록 하여 프로그래밍의 기초를 다지고자 한다.

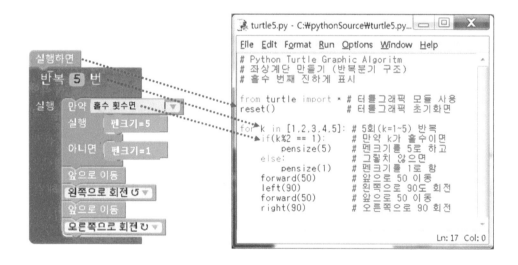

7.1 알고리즘 작성 사례

구조적 프로그래밍을 위한 구조적 코딩의 기초로서 순차, 분기, 반복 구조의 기본적인 컴퓨터 알고리즘과 이러한 기본 알고리즘을 기반으로 처리속도와 기억용량을 절약하여 보다 효율적으로 수행하도록 하는 알고리즘을 어떻게 작성할 수 있는 지를 다양한 예를 통해 살펴보기로 한다.

기본 알고리즘 작성 사례
원의 면적 구하기 (순차구조) 알고리즘
두 수의 차 구하기 (분기구조) 알고리즘
구구단구하기 (반복 구조) 알고리즘

효율적 알고리즘 작성 사례
두 정수 중 최대값 구하기 알고리즘
세 정수 중 최대값 알고리즘
여러 정수 중 최대값 알고리즘

1) 기본 알고리즘 작성

  기본적인 알고리즘을 작성한다는 것은 프로그램의 가독성을 높이기 위해 가능한 알고리즘을 구조적 코딩을 할 수 있는 형태인 순차, 분기, 반복 구조를 기본으로 이들이 서로를 내포할 수 있는 구조로 알고리즘 작성함으로써 구조적 프로그래밍을 할 수 있는 기반을 마련하는 것을 말한다.

  컴퓨터를 통해 문제를 해결하고자 할 때 가장 기본적인 과정은 문제분석, 알고리즘 작성, 코딩, 테스트 및 디버깅, 설치 및 사용 단계를 거치는 것이다. 문제분석 단계에서는 컴퓨터를 통해 해결하고자 하는 문제에 대해서 먼저 목적에 해당되는 출력 정보가 무엇인지 파악하고, 이 목적에 해당되는 출력 정보를 위해 필요한 입력 자료는 무엇인지를 파악한 다음, 출력 정보와 입력 자료의 관계나, 변환식, 변환방법이 무엇인지를 알아내는 일을 한다. 알고리즘 작성 단계에서는 문제 분석 결과를 바탕으로 입력에서 출력에 이르는 처리과정이나 문제해결방법에 해당되는 알고리즘을 명세도구를 사용하여 작성하는 일을 한다. 즉, 기본적인 알고리즘을 작성하기 위해서는 먼저 반드시 문제 분석을 해야 한다.

  코딩 단계에서는 명세 도구에 의해 작성된 알고리즘을 바탕으로 컴퓨터 프로그래밍 언어로 표현하는 일을 한다. 테스트 및 디버깅 단계에서는 프로그래밍 언어로 코딩된 명령문을 컴퓨터에 입력하여 실행해보고 원하는 결과가 나오지 않거나 에러가 발생할 경우 수정하는 일을 한다. 만약 단순한 코딩 실수인 경우는 코딩을 수정하고, 알고리즘의 문제가 발견된 경우에는 알고리즘을 다시 작성하는 단계로 가고, 만약 문제분석 자체가 잘못되었다고 판단되면 다시 문제분석 단계로 되돌아가야 한다. 설치 및 사용 단계에서는 구현된 컴퓨터 프로그램을 현실에 적용하여 사용하도록 하는 일을 한다. 만약 현실 상황의 변화로 인해 컴퓨터 프로그램을 변화된 현실에 맞게 개선하고자 할 경우가 발생한다면 추가적인 유지보수 단계에서 해결하면 된다.

먼저 순차 구조의 대표적인 예로써, 원주 길이와 원의 면적 구하는 문제를 분석하여 이에 대한 기본적인 알고리즘을 작성하는 것을 생각해보자. 문제 분석 단계에서는 다음과 같은 출력정보, 입력자료, 변환식을 도출할 수 있다.

① 출력 정보? 원의 면적(s), 원주길이(c)

② 입력 자료? 반지름(r)

③ 출력 정보와 입력자료의 관계, 변환식, 변환방법? $s = \pi r^2$, $c = 2\pi r$

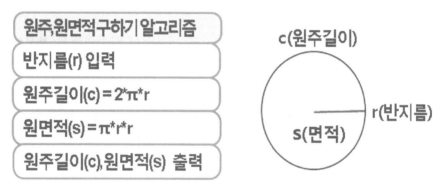

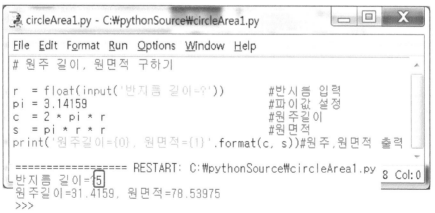

그림 7-1. 순차구조 알고리즘 예(원주 길이, 원 면적 구하기)

앞에 나오는 문제 분석 결과를 기반으로 기본적인 알고리즘을 작성한 것이 바로 그림 7-1 앞부분에 표현되어 있다. 반지름을 입력 받아 원주길이와 원면적을 구한 다음 이들을 출력하는 순차구조의 알고리즘이다. 그림 7-1 뒷부분은 알고리즘을 코딩하여 실행한 결과를 나타낸 것이다.

분기 구조의 대표적인 예로써, 두 수의 차를 구하는 문제를 분석하여 기본적인 알고리즘을 작성하는 하는 것을 살펴보자. 문제 분석 단계에서는 다음과 같은 출력정보, 입력자료, 변환방법을 도출할 수 있다.

① 출력 정보? 두 정수의 차(gap)

② 입력 자료? 두 정수(a, b)

③ 출력 정보와 입력자료의 관계, 변환식, 변환방법?

    ==> if(a>b) gap=a-b else gap=b-a

앞에 나오는 문제 분석 결과를 바탕으로 기본적인 알고리즘을 작성한 것이 바로 그림 7-2 왼쪽 부분에 표현되어 있다. 두 수(a, b)를 입력 받아 두 수의 크기 비교에 따라 차이를 구한 다음 그 차이를 출력하는 분기 구조의 알고리즘이다. 그림 7-2 우측 부분은 왼쪽 알고리즘을 코딩하여 실행한 결과를 나타낸 것이다.

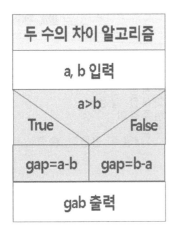

그림 7-2. 분기구조 알고리즘 예(두 수의 차 구하기)

반복 구조의 대표적인 예로써, 입력정수의 구구단을 출력하는 문제를 분석하여 기본적인 알고리즘을 작성하는 하는 것을 살펴보자. 문제 분석 단계에서는 다음과 같은 출력정보, 입력자료, 변환방법을 도출할 수 있다.

① 출력 정보? 구구단 값(g)

② 입력 자료? 구구단 입력정수(n)

③ 출력 정보와 입력 자료의 관계, 변환식, 변환방법? g = nk (k=1~9)

위와 같은 문제 분석 결과를 바탕으로 기본적인 알고리즘을 작성한 것이 바로 그림 7-3 앞쪽 부분에 표현되어 있다. 정수(n)를 입력 받아 구구단 값을 구한 다음 그 결과를 출력하는 반복 구조의 알고리즘이다. 그림 7-3 뒷쪽 부분은 앞쪽 알고리즘을 코딩하여 실행한 결과를 나타낸 것이다.

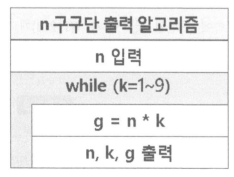

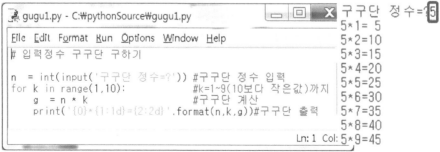

그림 7-3. 반복구조 알고리즘 예(정수의 구구단을 출력)

2) 효율적 알고리즘 작성

알고리즘이 효율적이라는 것은 그 알고리즘이 컴퓨터에 구현되었을 때 처리속도가 빠르고 사용하는 메모리 자원의 용량이 적다는 것을 의미한다. 처리속도가 빠르다는 것은 알고리즘 속에서 수행하는 명령단계가 적다는 것이고 메모리 자원의 용량이 적다는 것은 알고리즘을 구성하는 변수의 수가 적다는 것을 의미한다. 알고리즘은 가능한 효율적으로 작성되어야 시간과 노력을 절약하여 생산성을 높이는 효과를 높일 수 있기 때문에 똑같은 결과를 도출하지만 사용하는 명령 단계의 수를 줄이고 변수의 수를 줄이는 개선 노력을 끊임없이 하고 있다.

그림 7-4는 두 정수 중 최대값을 구하는 알고리즘이고, 이를 기반으로 세 수 중 최대값을 구하는 알고리즘이 그림 7-5이다. 그림 7-4에서 한 개의 비교가 참일 경우와 거짓일 경우로 분기되는데 각각에 대해서 그림 7-5에서는 두 개의 비교가 추가되므로 전체적으로 세 개의 비교가 나온다. 그림 7-5와 같은 논리로 만약 네 수 중 최대값을 구하는 알고리즘을 작성한다면 그림 7-5에서 추가된 두 개의 비교 각각에 대해 참과 거짓으로 분기되는 곳에 새로운 비교가 추가되어야 하므로 네 개의 비교가 추가되어 그림 7-6 속에 표현된 것처럼 총 7(1+2+4)개의 비교가 나온다.

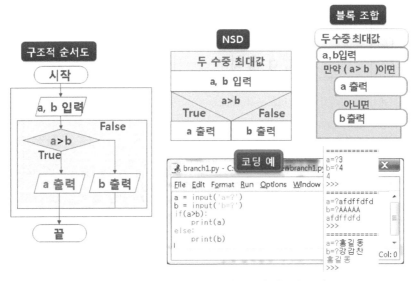

그림 7-4. 두 수 중 최대값 구하기 알고리즘

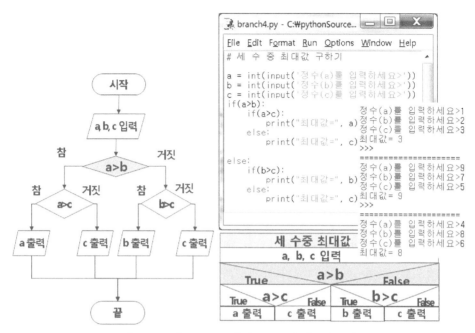

그림 7-5. 세 수 중 최대값 구하기 알고리즘

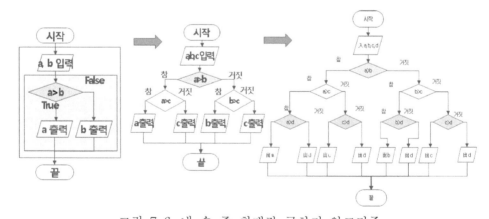

그림 7-6. 네 수 중 최대값 구하기 알고리즘

이와 같은 논리라면 n개의 수 중 최대값을 구하는 알고리즘의 경우 총 $2^n-1(1+2+4+...+2^{n-1})$개가 나와야 하므로 지수함수의 증가율을 보이므로 알고리즘으로서의 의미가 없어진다.

그림 7-7은 그림 7-5에 표현된 세(n=3) 수 중 최대값을 구하는 알고리즘을 개선하여 보다 효율적인 알고리즘을 작성하고자 비교 횟수를 줄이는 노력의 결과로 만들어진 것이다. max라는 변수를 사용하여 처음에 첫 번째수를 최대값으로 정해주고 두 번째 수부터는 현재 최대값인 max와 비교하여 만약 max보다 크다면 그 수를 max로 정하는 것을 반복하므로 끝까지 수행하면 최종적으로 max에 최대값이 들어가게 되는 것을 도출하는 가장 기본적인 알고리즘을 표현한 것이다. 즉 n이 1 증가할 때마다 비교도 1 증가하므로 비교횟수 증가 패턴이 선형 함수 구조를 가지므로 처리속도 측면에서 특히 효율적이다.

세 수 중 최대값을 구하는 그림 7-7은 두 수 중 최대값을 구하는 그림 7-4에서 n이 1 증가함에 따라 비교가 1만 증가하여 그림 7-5에 비해 효율적이지만 max라는 변수가 추가되어 사용되었으므로 메모리 자원을 더 소모하는 측면에서는 비효율적으로 볼 수 있다. 그렇지만 변수의 수의 증가가 n이 증가함에 따라 함께 증가하는 것이 아니고, 그림 7-8의 네 수 중 최대값을 구하는 알고리즘, 그림 7-9의 n 개의 수 중에서 최대값을 구하는 알고리즘에서 보여주듯이 n이 증가해도 1개만 필요하므로 항상 상수 1로 고정되므로 비교횟수의 감소의 크기가 max 변수 한 개가 추가된 비효율성을 상쇄하고도 남으므로 전체적으로 보면 효율성에 누를 끼친다고 보기 힘들다.

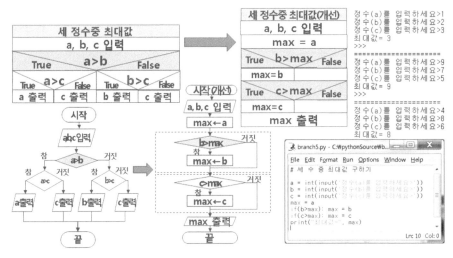

그림 7-7. 개선된 세 수 중 최대값 구하기 알고리즘

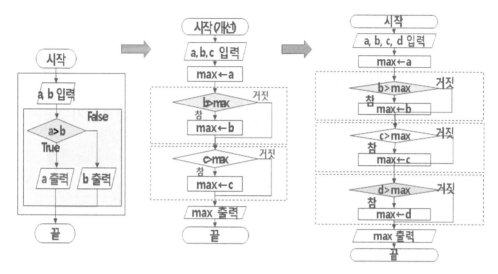

그림 7-8. 개선된 네 수 중 최대값 구하기 알고리즘

　　그림 7-9는 n개의 수 중 최대값 알고리즘으로 인덱스를 갖는 배열 변수를 이용하여 반복 구조를 사용할 수 있게 함으로써 명확하지만 보다 간단한 형태로 n이 증가해도 비교는 1만 증가하는 효율적인 알고리즘을 표현한 것이다.

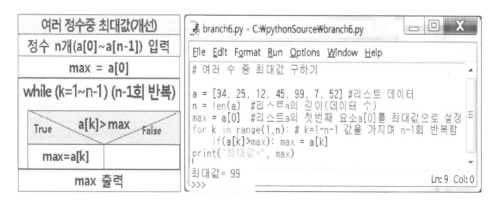

그림 7-9. 여러 수 중 최대값 구하기 알고리즘

7.2 파이썬 코딩 예

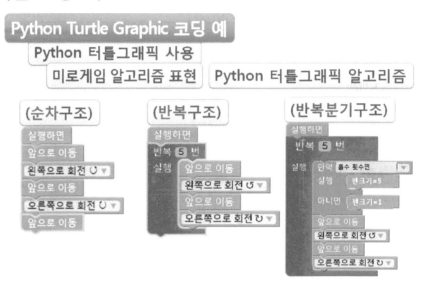

파이썬 터틀그래픽 사용을 전제로 코드닷오알지의 미로게임에서 앵그리버드가 나쁜돼지를 찾아가는 알고리즘과 유사하게 이동하는 것을 대신해서 이동하면서 선을 그리는 파이썬 터틀그래픽 알고리즘을 구현하는 것을 파이썬 명령어로 코딩하는 것을 통해 살펴보기로 한다.

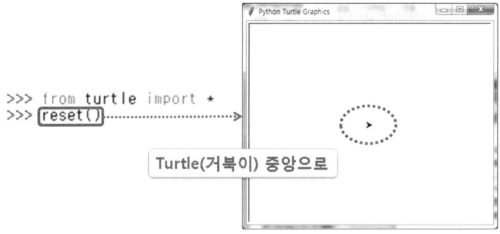

그림 7-10. 파이썬 터틀 그래픽 초기화면

파이썬 터틀 그래픽(Python turtle graphics)은 거북이 꼬리에 물감을 묻혀 조정하여 그림을 그리는 쉬우면서도 재미있는 터틀그래픽을 파이썬 언어에서 사용할 수 있게 만든 그래픽 라이브러리에 해당된다.

파이썬에서 터틀 그래픽을 사용하려면 먼저 'from turtle import *'에 의해 반드시 터틀 그래픽 모듈인 turtle을 가져와서 turtle에 정의된 함수를 사용할 수 있도록 지정해야 한다. 그런 다음, 그림 7-10과 같이 turtle 모듈에 있는 reset() 함수에 의해 터틀 그래픽을 초기화하여 터틀 그래픽 화면이 나오게 하고 가운데에 터틀(Turtle)이라고 블리우는 그래픽 커서가 화면 정중앙에 나오게 한다. forward(거리값) 또는 fd(거리값)은 앞으로 거리값 만큼 터틀을 이동시키는 것으로 fd(100)은 터틀을 100픽셀만큼 앞으로 이동시킨다. 만약 그리기 모드인 경우라면 선이 그려진다. left(각도)는 터틀의 각도를 왼쪽으로 회전시키는 것으로 left(90)은 현재 터틀을 왼쪽방향으로 90도 회전시킨다. right(각도)는 터틀의 각도를 오른쪽으로 회전시키는 것으로 right(90)은 오른쪽방향으로 90도 회전시킨다. pensize(펜두께)는 펜의 굵기를 펜두께로 설정하는 것으로 pensize(5)는 펜 굵기를 5픽셀 크기로 설정한다.

그림 7-11은 앵그리버드가 3번 앞으로 이동하여 나쁜돼지를 잡는 미로게임 알고리즘을 파이썬 터틀 그래픽으로 구현되게 코딩하고 실행결과를 보여주는 것이다. 앵그리버드가 앞으로 이동하는 것을 파이썬 터틀 그래픽에서 앞으로 이동하면서 선을 그리는 것으로 표현했다. 파이썬에서 실행할 때 대화식 모드로 명령문 하나하나를 입력할 때마다 바로 바로 결과를 볼 수 있게 한 것을 나타냈다.

그림 7-12는 앵그리버드가 ㄱ 자(오른쪽 아래)로 이동하여 나쁜돼지를 잡는 미로게임 알고리즘을 파이썬 터틀 그래픽으로 구현되게 코딩하고 실행결과를 보여주는 것이다. 그림 7-13은 앵그리버드가 우상 위치로 지그재그 이동하여 나쁜돼지를 잡는 미로게임 알고리즘을 파이썬 터틀 그래픽으로 구현되게 코딩하고 실행결과를 보여주는 것이다.

그림 7-14는 앵그리버드가 우상 계단 형태로 이동하여 나쁜돼지를 잡는 미로게임 알고리즘을 파이썬 터틀 그래픽으로 구현되게 코딩하고 실행결과를 보여주는 것이다. 오른쪽 위로 이동하는 것을 5번 반복 코딩을 통해 순차구조로 표현하여 5개의 계단을 이동하는 것을 구현하였다.

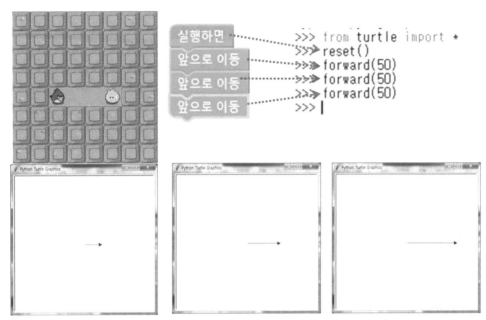

그림 7-11. 파이썬 터틀 그래픽 실행 예(앞으로 3번 이동)

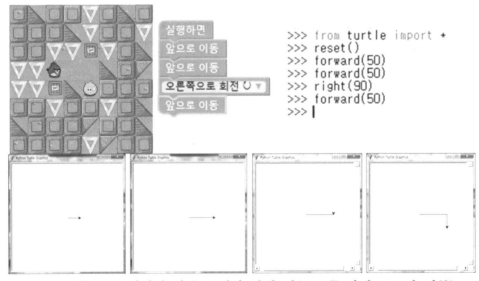

그림 7-12. 파이썬 터틀 그래픽 실행 예(오른쪽 아래로 ㄱ자 이동)

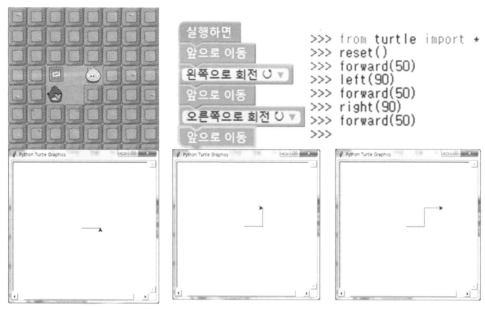

그림 7-13. 파이썬 터틀 그래픽 실행 예(우상 위치로 지그재그 이동)

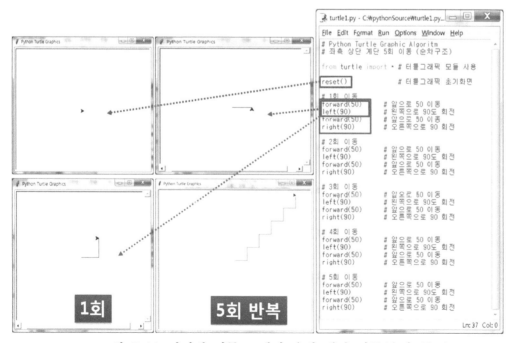

그림 7-14. 파이썬 터틀 그래픽 우상 계단 이동(순차 구조)

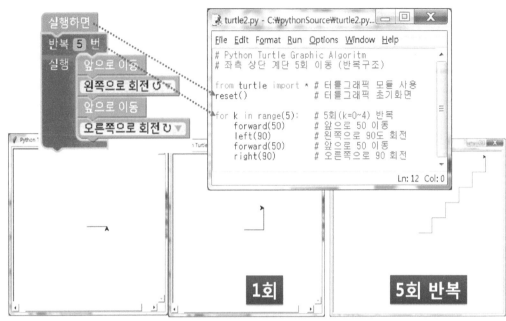

그림 7-15. 파이썬 터틀 그래픽 우상 계단 이동(반복구조)

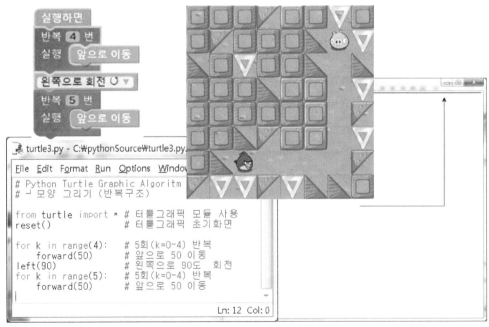

그림 7-16. 파이썬 터틀 그래픽 실행 예(반복명령으로 오른쪽 위로 이동)

그림 7-15는 그림 7-14와 같이 앵그리버드가 우상 계단 형태로 이동하여 나쁜 돼지를 잡는 미로게임 알고리즘을 파이썬 터틀 그래픽으로 구현되게 코딩하고 실행결과를 보여주는 것이다. 그림 7-14와 다른 점은 순차 구조로 5번 반복해서 코딩하는 대신에 파이썬의 반복 명령문인 for문을 사용하여 5번 반복하는 것을 표현하여 5개의 계단을 이동하는 것을 구현하였다.

그림 7-16은 앵그리버드가 4번 앞으로 이동한 후 왼쪽으로 회전하여 앞으로 5번 반복 이동하여 나쁜돼지를 잡는 미로게임 알고리즘을 파이썬 터틀 그래픽으로 구현되게 코딩하고 실행결과를 보여주는 것이다. 파이썬의 반복 명령문인 for문을 사용하여 반복하는 것을 표현하여 구현하였다.

그림 7-17은 정오각형을 그리는 알고리즘을 파이썬 터틀 그래픽으로 구현되게 코딩하고 실행결과를 보여주는 것이다. 정오각형도 5개의 변을 그리기 위해 5번 반복하는 구조를 가지고 있으므로 파이썬의 반복 명령문인 for문을 사용하여 구현하였다. 여기서는 정오각형을 그리기 위해 터틀을 회전하는 회전각을 구하는 것이 중요한데, 정오각형의 내각은 540/5이므로 터틀 회전각은 180-540/5, 즉 72(=180-108)도가 된다. 터틀을 앞으로 이동한 다음 72도만큼 회전하여 앞으로 이동하면 108도 만큼의 내각이 남게 된다.

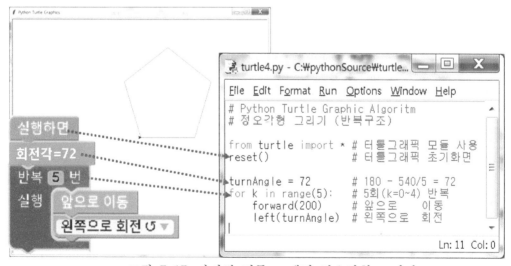

그림 7-17. 파이썬 터틀 그래픽 정오각형 그리기

그림 7-18은 그림 7-15와 같이 앵그리버드가 우상 계단 형태로 이동하여 나쁜 돼지를 잡는 미로게임 알고리즘을 파이썬 터틀 그래픽으로 구현되게 코딩하고 실행결과를 보여주는 것이다. 그림 7-15와 다른 점은 홀수번째 계산을 진하게 나오게 하는 것이다. 이것을 구현하기 위해 전체적으로 5번 반복 수행하는 구조 속에 홀수번째에 해당될 때 펜 굵기를 굵게 조정하는 분기 구조를 포함시켰다.

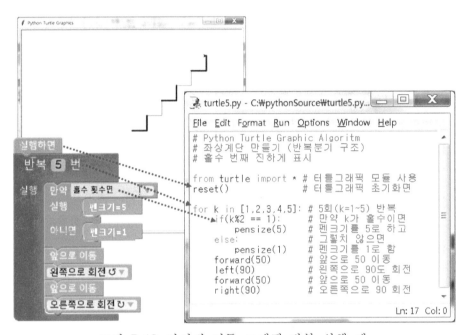

그림 7-18. 파이썬 터틀 그래픽 반복 실행 예

연습문제 7

[기초문제]

※ 다음 글을 읽고 빈 칸에 가장 알맞은 말을 넣으시오.

1. 프로그램의 가독성을 높이기 위해 가능한 알고리즘을 구조적 (   )을 할 수 있는 형태인 순차, 분기, (   ) 구조를 기본으로 이들이 서로를 내포할 수 있는 구조로 작성해야 한다.

2. 구조적 코딩을 할 수 있는 구조적 명세도구에는 구조적 순서도, (   ), 블록조합도(코드닷오알지) 등이 있다.

3. 컴퓨터를 통해 문제해결을 위한 프로그램 작성과정은 문제분석, (   ) 작성, (   ), 테스트 및 디버깅, 설치 및 사용 등으로 이루어진다.

4. 문제 분석 단계에서는 먼저 (   )가 무엇인지 명확히 설정하고 이를 위해 필요한 (   )를 찾아 이들 간의 관계, 변환식, 변환방법 등을 분석하여 알고리즘을 작성할 수 있는 기초를 마련한다.

5. 구조적 코딩의 기본 형태 중 (   ) 구조는 처음부터 끝까지 차례로 명령문을 수행하는 구조이다.

6. 구조적 코딩의 기본 형태 중 (   ) 구조는 조건이 참과 거짓으로 달라질 때 다른 명령문을 수행하는 구조이다.

7. 구조적 코딩의 기본 형태 중 (   ) 구조는 특성 명령문들을 일정한 횟수나 특정 조건을 만족하는 동안 반복 수행하는 구조이다.

8. 파이썬 터틀 그래픽(Python turtle graphics)은 (   ) 꼬리에 물감을 묻히고 이를 조정하여 그림을 그리는 쉬우면서도 재미있는 터틀그래픽을 파이썬 언어에서 사용할 수 있게 만든 그래픽 (   )에 해당된다.

[심화문제]

1. 다음은 정사각형내접원 바깥쪽 면적 구하기 위한 알고리즘을 완성하기 위해 필요한 것을 나타낸 것이다.

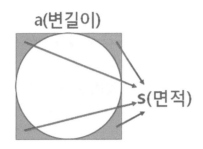

[문제 분석]

- 출력 정보? 정사각형내접원 바깥쪽 면적(s)

- 입력 자료? 한변의 길이(a)

- 출력 정보와 입력자료의 관계, 변환식, 변환방법? 반지름(r) =a/2, 원면적(cs) = π r², 정사각형면적(ss) = a*a, 내접원바깥쪽면적(ts) = ss - cs

정사각형내접원 바깥쪽 면적구하기 알고리즘	
변길이(a) 입력	①
반지름(r) = a/2	②
원면적(cs) = π*r*r	③
정사각형 면적(ss) = a*a	④
내접원바깥쪽 면적(ts) = ( )	⑤
내접원바깥쪽 면적(ts) 출력	⑥

1) (   ) 속에 알맞은 식을 넣으시오.

2) ①~⑥ 중에서 순서를 서로 바꾸어도 되는 것은 무엇인가?

2. 그림에 나타나는 상황과 알고리즘을 참조하여 아래 Python 프로그램을 완성하
시오.

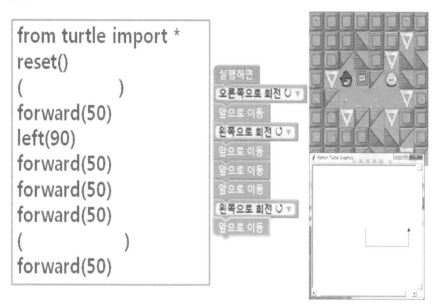

```
from turtle import *
reset()
(                )
forward(50)
left(90)
forward(50)
forward(50)
forward(50)
(                )
forward(50)
```

3. 다음 알고리즘과 실행결과를 참고하여 Python 프로그램을 완성하시오.

```
from turtle import *
reset()
for k in range(    ):
    forward(50)
    (                )
```

4. 다음 알고리즘과 실행결과를 참고하여 Python 프로그램을 완성하시오.(우측하단 계단5회 이동)

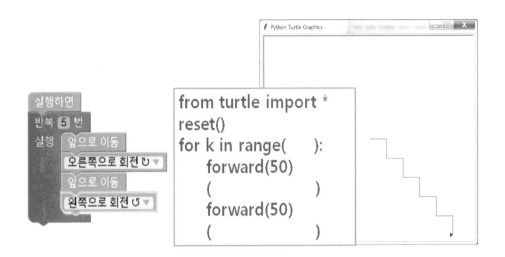

5. 다음 알고리즘과 실행결과를 참고하여 Python 프로그램을 완성하시오.

6. 다음 알고리즘과 실행결과를 참고하여 Python 프로그램을 완성하시오.

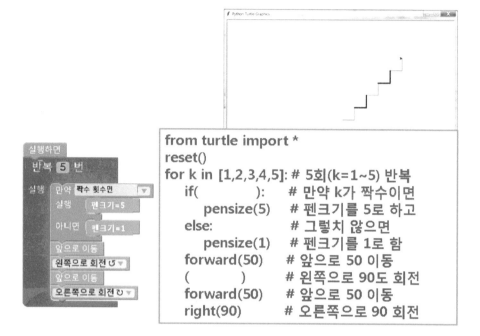

```
from turtle import *
reset()
for k in [1,2,3,4,5]: # 5회(k=1~5) 반복
    if(          ):      # 만약 k가 짝수이면
        pensize(5)      # 펜크기를 5로 하고
    else:               # 그렇치 않으면
        pensize(1)      # 펜크기를 1로 함
    forward(50)         # 앞으로 50 이동
    (        )          # 왼쪽으로 90도 회전
    forward(50)         # 앞으로 50 이동
    right(90)           # 오른쪽으로 90 회전
```

제8장
파이썬 터틀그래픽

파이썬 터틀 그래픽(Python turtle graphics)은 1960년대 개발된 로고(Logo)라는
프로그래밍 언어의 한 부분으로 사용되었던 터틀 그래픽을 파이썬 언어에서
turtle이라는 모듈을 불러 사용할 수 있게 만든 그래픽 라이브러리에 해당된다.
turtle 모듈의 함수를 이용하여 게임이나 그래픽 응용프로그램을 위한 간단한
GUI환경을 만드는 방법을 살펴보고자 한다.

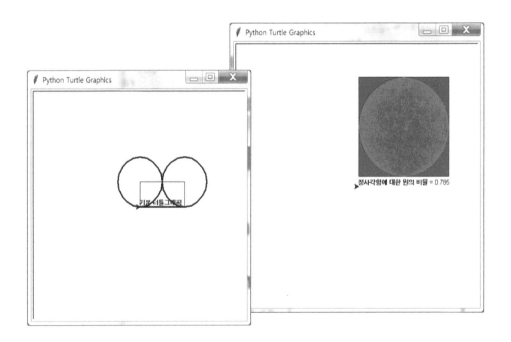

8.1 파이썬 터틀그래픽 그리기 명령

파이썬 터틀 그래픽을 이용하여 간단히 직선, 원, 원호 그리기, 그리고 텍스트
를 그래픽 형식으로 쓰는 것을 할 수 있다.

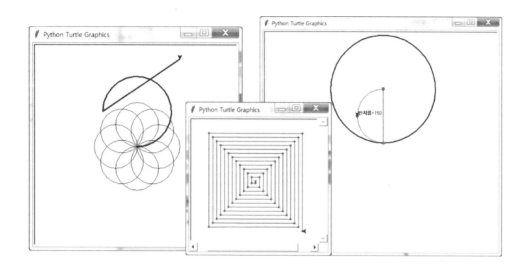

터틀 그래픽을 파이썬에서 사용할 수 있게 하려면 먼저 'import turtle'에 의해 turtle 모듈을 가져와야 하는데 이 경우에는 터틀 그래픽의 함수를 사용하고자 할 때 일일이 모듈명을 예를 들어 turtle.reset()과 같이 덧붙여 주어야 한다. 그리고 'import turtle as t'와 같이 하여 turtle의 별명을 t로 정해주어도 t.reset()과 같이 별명을 덧붙여 주어야 하므로 이런 부분이 불편하게 느껴질 경우, 대신에 'from turtle import *'와 같이 하여 모듈명을 적지 않아도 함수를 사용할 수 있도록 하면 된다.

터틀 그래픽을 구성하는 함수에는 다양한 그리기 함수들이 있는데 이전에 살펴보았던 reset(), forward(거리값), left(각도), right(각도), pensize(펜두께)이외에 goto(x,y) setpos(x,y), home(), circle(radius), circle(radius, extent), dot(점크기[,색이름]), backward(거리값), write(text) 등의 함수를 다루고자 한다.

goto(x,y)는 (x,y)좌표로 펜에 해당되는 터틀을 이동시키는 역할을 하며 setpos(x,y)과 같다. home()은 기준점에 해당되는 (0,0) 으로 이동시키는 goto(x,y), setpos(0,0)의 역할을 한다. circle(radius)은 반지름 radius인 원을 그리고, circle(radius ,extent)는 반지름 radius인 원을 extent 각도 범위에서 그리므로 원호를 그리는 역할을 한다. dot(점크기[,색이름])는 점 크기만큼 색이름으로 점(채워진 원)을 그린다. backward(거리값)는 거리값 만큼 뒤로 이동하게 하고, write(text)은 현 터틀 위치에 text를 쓰는 기능을 가지고 있다.

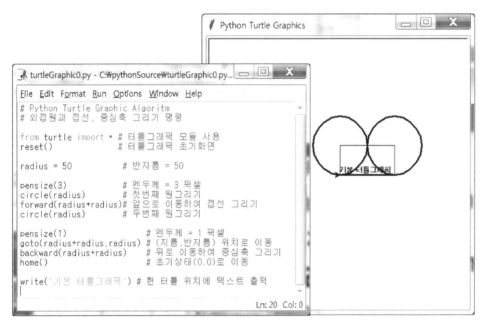

그림 8-1. 외접원, 접선, 중심축 그리기

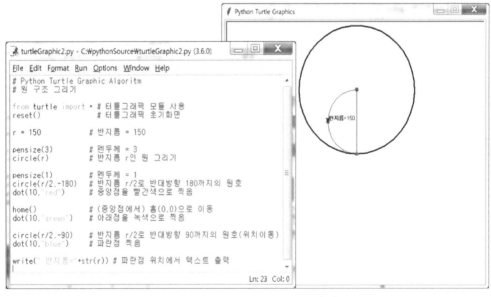

그림 8-2. 원 구조 그리기

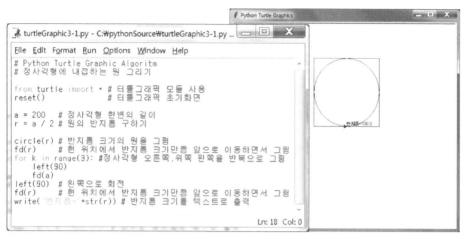

그림 8-3. 정사각형에 내접하는 원 그리기

그림 8-1은 터틀 그래픽을 이용하여 외접과 접선, 중심축 그리기 예를 나타낸 것이다. 반지름(radius)의 크기가 50인 원 두 개와 접선을 굵게 그려 외접시키고, 가는 선으로 중심축과 각 원의 반지름을 나타내는 선을 그리고 '기본 터틀 그래픽'이라는 텍스트를 그래픽 형식으로 출력한다. circle(radius)는 기본적으로 원 아래 가운데에서 터틀이 출발하여 왼쪽으로 돌면서 원을 그린 다음 원래의 출발점으로 터틀의 처음 방향을 유지한 채 되돌아온다. 굵은 선의 두께는 3, 가는 선의 두께는 1이며, 접선은 forward(radius+radius)로 지름만큼 앞으로 이동하여 그리고, 중심축은 backward(radius+radius)로 지름만큼 뒤로 이동하여 그린다.

그림 8-2는 터틀 그래픽을 이용하여 원을 그리고 반지름의 정보를 표시하여 원 구조를 알 수 있게 하는 그리기 예를 나타낸 것이다. 반지름(radius)의 크기가 150인 원을 그리고 원의 반지름을 나타내는 선을 그린 다음, 원호와 함께 '반지름=150'이라는 텍스트가 출력되게 한다.

그림 8-3은 터틀 그래픽을 이용하여 정사각형과 내접원을 그리는 예를 나타낸 것이다. 정사각형 한 변(a)의 길이가 200이므로 내접하는 원의 반지름(r)은 a/2를 계산한 100이 되며 먼저 원을 그리고 앞으로 r만큼 위치 이동하여 아래 접선의 반을 그린 다음, 정사각형의 각 변을 3번 반복하여 그린다. 이 때 3개의 각 변은 먼저 왼쪽으로 90도 회전하고 앞으로 a만큼 이동하는 것을 반복함으로써 만들어진다. 그리고 다시 한 번 왼쪽으로 90도 회전한 후 반지름(r)만큼의 앞으로 이동

을 통해 아래 접선의 나머지 반을 완성한다. 그런 다음에 아래 접점 위치에서 '반
지름=100'이라는 텍스트가 출력되게 한다.

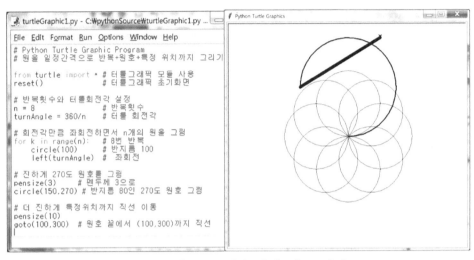

그림 8-4. 일정 간격 원 그리기

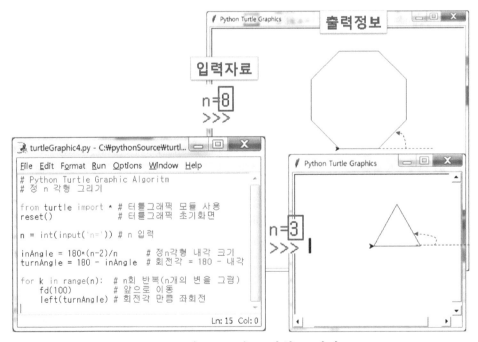

그림 8-5. 정 n 각형 그리기

- 142 -

그림 8-4는 터틀 그래픽을 이용하여 일정한 회전 간격에 따라 원을 반복해서 그리고 원호와 선을 그린 예를 나타낸 것이다. 여기서 일정한 회전 간격이란 360도를 8로 나눈 크기를 말하며 원을 그리고 일정 회전 간격으로 터틀을 좌회전하여 8번 반복하여 그린 다음 circle(150, 270)에 의해 반지름 150이고 0도부터 270도까지의 원호와 함께 두께 10인 직선을 그린다. 그림 8-5는 터틀 그래픽을 이용하여 정n각형을 그리는 예를 나타낸 것이다. n값으로 3이 입력되면 정삼각형, 8이 입력되면 정팔각형을 출력한다. 정n각형의 내각 하나의 크기는 180*(n-2)/n이고 이러한 내각을 갖도록 터틀을 회전하는 회전각은 180-180*(n-2)/n이 된다.

8.2 파이썬 터틀그래픽 설정 명령

파이썬 터틀 그래픽을 이용하여 그림을 제대로 그리기 위해서는 그리기 모드인지 아닌지, 그리는 도형의 내부를 채울 것인지 아닌지, 선 색과 채우기색, 펜 두께는 어떠한지, 그리고 터틀이 그림을 그리는 것을 추적할 수 있게 할 것인지 아닌지 등을 설정해야 한다.

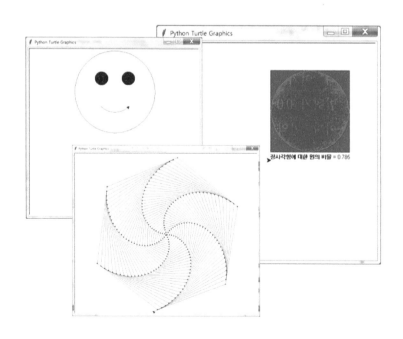

파이썬 터틀 그래픽 함수에는 이러한 것이 가능하게 하는 것으로 이동 그리기 설정 <down()>/해제<up()>, 채우기 설정<begin_fill()>/해제<end_fill()>, 선색과 채우기색 설정<color(pencolor[, fillcolor])>, 선두께 설정<width() 또는 pensize()>, 그리기 추적 설정<tracer(True)>/해제<tracer(False)> 등이 있다.

down()은 터틀이 앞뒤로 이동할 때 그림이 그려지게 하는 이동 그리기 모드로 설정해주는 것으로 특별히 해제하지 않는 한 기본적으로 설정되어 있다. up()은 터틀이 앞뒤로 이동할 때 그림이 그려지지 않도록 하는 이동 그리기 해제 모드로 설정해주는 것으로 up()이 수행된 이후에는 터틀이 이동하는 명령에 의해서는 그림이 그려지지 않는다. 다만 직접 이동이 수반되지 않는 dot(), write()의 경우에 점이 찍히거나 텍스트가 정상적으로 출력된다.

채우기 설정 및 해제를 하는 begin_fill()과 end_fill()는 한 쌍으로 사용되는데, begin_fill()은 도형 채우기를 설정하여 이후에 그려지는 도형 내부를 현재 설정된 채우기색으로 채우기를 할 수 있게 하는 것이고, end_fill()는 도형 채우기 끝을 설정하여 이후에 그려지는 도형 내부를 채우기 하지 않도록 하는 역할을 한다.

선 색과 채우기 색은 color(pencolor[, fillcolor])에 의해 설정되는데, pencolor는 선 색, fillcolor는 채우기색을 'red', 'green', 'blue', 'yellow' 등과 같이 직접적인 색이름이나 #RRGGBB로 빛의 3원색인 빨강(Red), 초록(Green), 파랑(Blue)이 섞인 정도를 표시하여 색을 설정하는 역할을 한다. 선 두께는 width()나 pensize() 함수의 인수로 크기를 지정하여 설정한다. 선 색의 경우 color(r, g, b) 형태로 지정할 수도 있다. 여기서는 혼합되는 red, green, blue 색 크기로 각각 r, g, b을 사용하되 그 범위가 0.0~1.0이 되는데 이는 기본적으로는 colormode(1)이 설정되어 있기 때문이다. 만약 그 색 크기 범위를 0~255로 변경하려면 colormode(255)로 설정하면 된다.

tracer(True)는 터틀이 움직이는 것을 추적할 수 있게 설정하는 것으로 터틀이 움직이는 속도가 느려지게 하여 그림이 그려지는 모습이 보이도록 하는데 이것은 특별히 지정하지 않으면 기본적으로 설정된다. tracer(False)는 터틀을 추적하는 것을 해제하는 것으로 터틀의 이동속도를 눈에 보이지 않을 정도로 빠르게 하여 그려지는 모습을 보이지 않고 최대한 빨리 그림을 그릴 수 있게 하는 것이다.

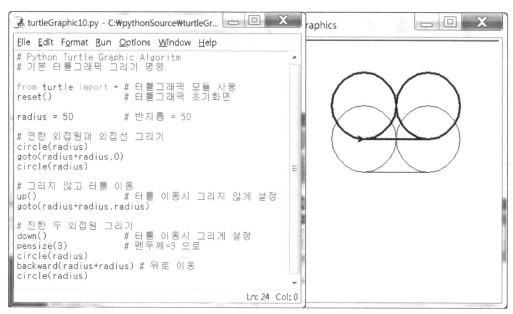

그림 8-6. 외접원과 외접선 그리기

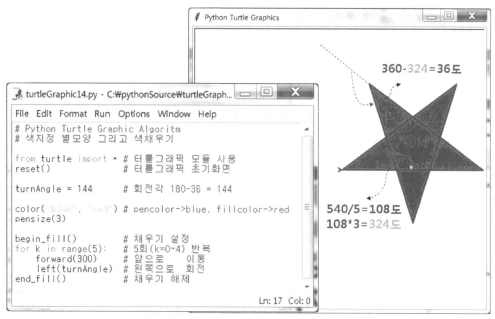

그림 8-7. 별모양 그리기 및 색 채우기

그림 8-6은 파이썬 터틀 그래픽 설정 명령 활용하여 외접원과 외접선이 나오는

그림을 선 두께를 달리하여 두 개가 대비되게 한 것이다. 먼저 연한 외접원과 외접선을 그린 다음, up()에 의해 이동 그리기 모드를 해제하여 터틀을 이동한 후, down()으로 이동 그리기 모드로 바꾸어 pensize를 3으로 설정하여 진한 외접원과 외접선을 그린다. 연한 외접원과 외접선의 경우 좌에서 우로, 진한 외접원과 외접선의 경우 우에서 좌로 그림을 그린다. goto(radius+radius, 0)은 현재 터틀 위치(처음 시작할 때는 (0,0)이 됨)에서 (radius+radius, 0) 위치로 터틀을 이동시키면서 연한 외접선을 그리고, backward(radius+radius)는 현재 터틀 위치(이 때는 (radius+radius, radius)임)에서 radius+radius(지름 크기)만큼 뒤로 이동하면서 진한 외접선을 그린다.

그림 8-7은 파이썬 터틀 그래픽 설정 명령 활용하여 속이 채워진 별모양을 그리는 것을 나타낸 것이다. 별 모양은 일정한 크기의 선을 일정한 회전각(turnAngle)으로 회전하면서 5번 반복하여 그릴 수 있다. 이 때 회전각은 별 모양의 꼭지각을 구하여 180도에서 빼면 구할 수 있다. 그런데 꼭지각은 꼭지각을 포함하고 있는 삼각형과 별모양 가운데에 있는 정오각형을 합친 사각형을 통해 구할 수 있다. 이 사각형의 1개의 각이 꼭지각이고 나머지 3개는 정오각형의 내각이다. 따라서 정오각형 내각 1개는 180*(n-2)/n에 의거하여 180*(5-2)/5 = 540/5 = 108도 이므로 3개의 정오각형 내각은 108*3=324도가 되고 이것과 꼭지각이 합하여 사각형 내각의 합인 360도가 되어야 하므로 꼭지각은 360-324=36도가 된다. 그러므로 회전각(turnAngle)은 180-36=144도가 된다.

color("blue", "red")에 의해 선색은 파란색, 채우기색은 빨간색이 되고, pensize(3)에 의해 펜 두께는 3픽셀 크기가 된다. begin_fill()과 end_fill() 사이에서 만들어진 도형의 선색은 파란색, 채우기색은 빨간색이 되어 별모양이 그려지면서 내부가 채워지게 나타난다.

그림 8-8은 그림 8-3과 유사하게 터틀 그래픽을 이용하여 정사각형과 내접원을 그리지만 속이 채워진 형태로 나오게 하고 4번의 반복을 통하여 정사각형 4개의 변이 나오게 하고 위치이동을 하여 원이 나오게 만든 예를 나타낸 것이다. 일단 color("blue", "blue")에 의해 선색과 채우기색을 모두 파란색으로 정하고, 정사각형 한 변(a)의 길이가 200이므로 이것에 의해 내접하는 원의 반지름(r)은 a/2로 계산해둔다. 그리고 출발지점(0,0)에서 먼저 정사각형의 각 변을 4번 반복하여 그

린다. 이 때 4개의 각 변은 먼저 앞으로 a만큼 이동한 후 왼쪽으로 90도 회전하는 것을 반복함으로써 만들어진다. 그 다음으로 빨간 원을 그리기 위해 일단 setpos(r,0)에 의해 터틀을 (r,0)으로 이동시키는데 이 때 sepos(r,0)은 goto(r,0)과 같기 때문에 터틀이 선을 그리면서 이동하지만 미리 선이 그려진 곳을 지나가기 때문에 표시가 나지 않는다. 그리고 color("red", "red")에 의해 선색과 채우기색을 모두 빨간색으로 정하고, 원을 그린다. 정사각형과 원을 그리는 명령문 앞뒤에 begin_fill()과 end_fill이 있으므로 색이 채워진 형태로 나오게 된다. 그런 다음 up()에 의해 이동 그리기 모드 해제 상태에서 (0,-20) 위치로 터틀을 위치시키고, '정사각형에 대한 원의 비율=0.785'이라는 텍스트가 출력되게 한다. 0.785는 정사각형에 대한 내접원의 비율인 π/4를 계산한 것이다. color(0,0,0)은 Red, Green, Blue 값을 0.0~1.0 값의 최소값인 0으로 정한 것으로 RGB 빛이 모두 0이면 이 상태에서 이미지형태로 출력되는 텍스트의 색은 검은색이 된다.

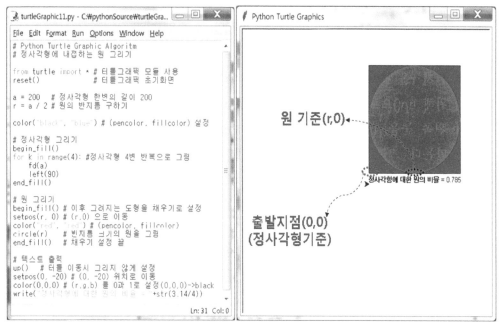

그림 8-8. 정사각형 내접원 그리기

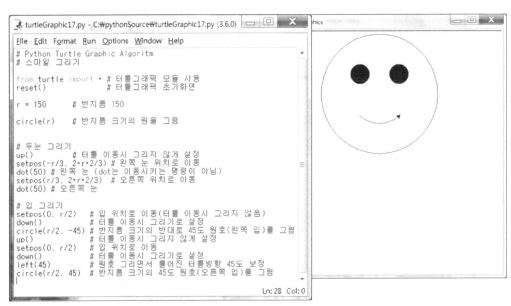

그림 8-9. 스마일 모양 그리기

그림 8-9는 터틀그래픽을 이용하여 스마일 모양을 그린 예를 나타낸 것이다. 전체 얼굴 윤곽은 원으로, 눈은 까만 점으로, 입모양은 원호 형태로 그린다. 이를 위해 먼저 r을 150으로 하고 circle(r)에 의해 원을 그린다. 그런 다음 두 눈을 그리기 위해 up()으로 이동 그리기 모드 해제 상태에서 (-r/3, 2*4*2/3) 위치로 이동하여 왼쪽 눈을, (r/3, 2*4*2/3) 위치로 이동하여 오른쪽 눈을 dot(50)으로 점을 찍어 만든다. 그리고 입을 그리기 위해 (0, r/2)로 이동시키고, down()에 의해 이동 그리기 모드 설정 상태에서 circle(r/2, -45)에 의해 입 중앙에서 왼쪽(-)으로 45도 만큼을 그려서 왼쪽 입의 반을 만들고 다시 up()으로 이동 그리기 모드 해제 상태에서 (0, r/2)로 이동시키고, down()에 의해 이동 그리기 모드 설정 상태에서 circle(r/2, 45)에 의해 입 중앙에서 오른쪽으로 45도 만큼을 그려서 오른쪽 입의 반을 만들어서 입을 완성시킨다.

그림 8-10은 터틀 그래픽을 이용하여 커지는 n개의 60.5도 우회전 꺾은선을 그린 예를 나타낸 것이다. range(1, n+1)에 의해 k가 1에서 n까지 변하면서 n개의 선을 그리는데 그릴 때마다 5크기의 점을 찍음과 동시에 k의 2배가 되는 선을 그려서 점점 커지게 하고, 겹치지 않고 보다 활동적인 느낌을 갖도록 하기 위해

터틀을 매번 오른쪽으로 60.5씩 회전시키게 한 것이다. 그리고 Tracer(False)를 사용하여 터틀이 이동하는 모습이 보이지 않을 정도로 빠른 속도로 결과가 보이도록 했다.

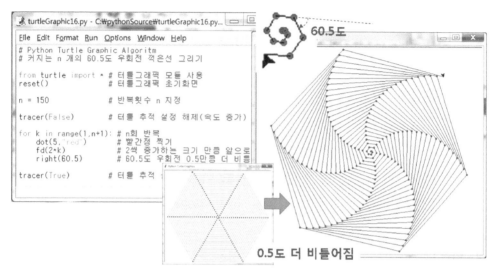

그림 8-10. 우회전 꺾은 선 그리기

연습문제 8

[기초문제]

※ 다음 글을 읽고 빈 칸에 가장 알맞은 말을 넣으시오.

1. Python에서 터틀 그래픽(Turtle graphics)을 사용하려면 해당 모듈을 사용할 수 있도록 from (   ) import * 와 같이 지정해주어야 한다.

2. (   )은 터틀 그래픽 초기화면이 나오게 하는 것이고, (   )은 앞으로 이동, (   )은 뒤로 이동, (   )은 (x,y)좌표로 이동으로 setpos(x,y)과 같은 역할을 하며, home()은 (   ) 좌표로 이동시키는 역할을 한다.

3. 왼쪽으로 터틀의 각도를 회전하게 하는 것은 (   ), 오른쪽으로 회전하게 하는 것은 (   )이다.

4. 펜두께를 설정해주는 것은 width(펜두께)와 (   )이다.

5. (   )은 반지름 radius인 원을 그리고 , circle(radius, extent)은 (   )이 radius인 원을 extent (   ) 범위에서 그리므로 결국 원호를 그리는 역할을 한다.

6. (   )(점크기[,색이름])는 점크기만큼 색이름으로 점(채워진 원)을 그린다.

7. (   )(text)는 현 터틀 위치에 text를 쓰게 한다.

8. (   )은 터틀이 앞뒤로 이동할 때 그림이 그려지도록 설정하는 것이고, (   )은 터틀이 앞뒤로 이동할 때 그림이 그려지지 않도록 설정한다.

9. begin_fill()는 이후에 그려지는 도형의 내부를 채우도록 설정하는 것이므로 반드시 (   )를 마지막에 나오도록하여 도형 채우기의 끝이

되게 한다.

10. (   )(r,g,b)는 차례로 Red, Green, blue로 선색 설정하는
    것으로 colormode(1)은 그 값을 0 또는 1로, colormode(255)은 값을 0 ~
    (   )까지 가질 수 있도록 한다.

11. color(pencolor[, fillcolor])은 펜색과 채우기색을 설정하는 것으로 (   )
    이나 #(   )로 설정한다.

12. tracer(True)은 터틀그래픽 (   ) 설정을 하는 것으로 선 그려지
    는 모습이 천천히 이동하는 것처럼 보이게 하는 것이고(   )은
    그 설정을 해제하는 것으로 그려지는 모습을 보이지 않게 하여 빠르게
    그려지도록 설정하는 것이다.

13. circle(radius)는 기본적으로 원 아래 가운데에서 터틀이 출발하여 왼쪽
    으로 돌면서 반지름 (   )인 원을 그린 다음 원래의 출발점으로 터
    틀의 처음 방향을 유지한 채 되돌아온다.

14. circle(150, 270)는 반지름 150이고 0도부터 (   )도까지의 원호를
    그리는 터틀 그래픽 명령이다.

15. color(0,0,0)은 Red, Green, Blue 값을 0.0~1.0 값의 최소값인 0으로 정
    한 것으로 RGB 빛이 모두 0이면 이 상태에서 이미지형태로 출력되는
    텍스트의 색은 (   )이 된다.

[심화문제]

1. 다음 스마일 그리기 프로그램에서 사각상자 명령에 의해 터틀이 위치하는 곳을 가리켜보세요.

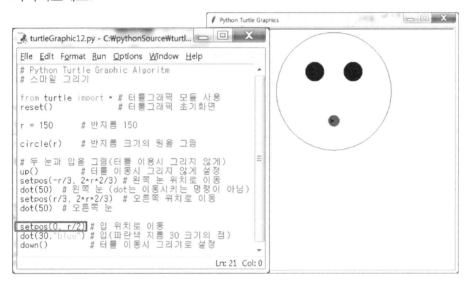

2. 다음 프로그램에서 사각상자 명령의 의미를 설명하시오.

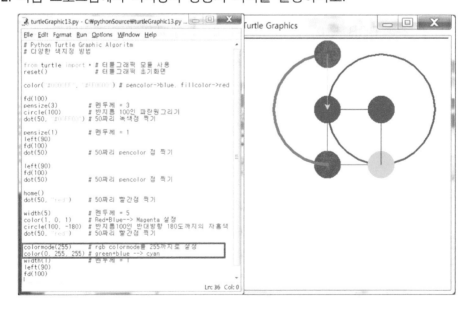

3. 다음과 같이 별모양 그리고 색채우기한 결과가 나오도록 프로그램을 완성하시오.

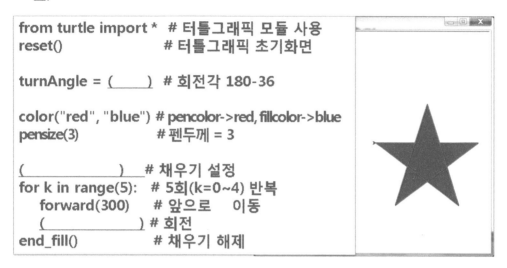

```
from turtle import *  # 터틀그래픽 모듈 사용
reset()                # 터틀그래픽 초기화면

turnAngle = (      )  # 회전각 180-36

color("red", "blue")  # pencolor->red, fillcolor->blue
pensize(3)             # 펜두께 = 3

(              )       # 채우기 설정
for k in range(5):     # 5회(k=0~4) 반복
    forward(300)       # 앞으로  이동
    (              )   # 회전
end_fill()             # 채우기 해제
```

제9장
파이썬 시퀀스자료형

파이썬 시퀀스 자료형은 데이터가 순서대로 나열되는 구조를 갖는 것을 말한다. 파이썬의 대표적인 시퀀스 자료형에는 문자열(str), 리스트(list), 튜플(tuple) 등이 있다. 이들 시퀀스 자료형의 특성과 응용사례를 살펴보기로 하자.

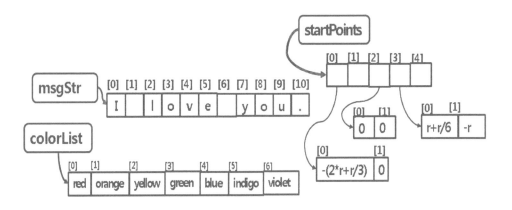

9.1 파이썬 시퀀스 자료형 종류 및 특성

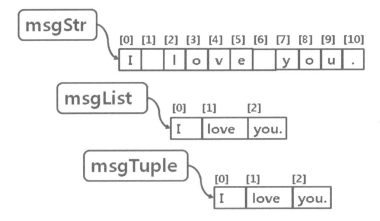

파이썬 시퀀스(sequence) 자료형이란 순서를 갖는 데이터의 집합을 말하며 구체적으로 문자열(str), 리스트(list), 튜플(tuple) 등을 말한다. 문자열(string)은 ' ' 또는 " " 으로 쌓인 문자 데이터들의 집합이다. 리스트(list)는 [ ] 안에 컴마(,)로 구분된 각종데이터들의 집합이고, 튜플(tuple)은 ( ) 안에 컴마(,)로 구분된 각종 데이터들의 집합이다.

파이썬 시퀀스 자료형 공통적인 특성 중의 하나로 가장 기본적인 것은 메모리에 순서적으로 구현되므로 각 데이터 요소는 인덱스(index)를 사용하여 참조 가능하다는 것과 그 인덱스는 0부터 시작한다는 것이다. 그림 9-1은 다음과 같은 문자열 msgStr, 리스트 msgList, 튜플 msgTuple이 어떻게 구현되는지를 추상적으로 표현한 것이다.

msgStr = 'I love you.' # 문자열
msgList = ['I ', 'love ', 'you.'] # 리스트
msgTuple = ('I ', 'love ', 'you.') # 튜플

파이썬 시퀀스 자료형의 경우 인덱스를 통해 각 요소에 접근하고 각 요소를 참조할 수 있는데 이를 인덱싱(indexing; 색인)이라고 한다. 이러한 인덱싱에 의해 msgStr[5]의 경우에는 'e', msgList[1]의 경우에는 'love ', msgTuple[0]의 경우에는 'I '를 읽을 수 있다. 그러나 리스트 msgList만 인덱싱에 의해 구성요소를 변경할 수 있지만 나머지는 참조만 할 수 있다. 대부분 리스트와 튜플의 경우 대괄호와 소괄호의 차이를 제외하고 비슷하게 취급되지만 튜플은 인덱싱에 의해 구성요소를 변경할 수 없다는 엄격함이 리스트와 다르다.

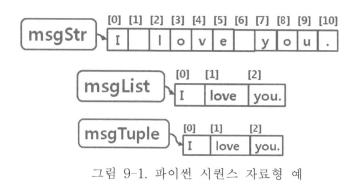

그림 9-1. 파이썬 시퀀스 자료형 예

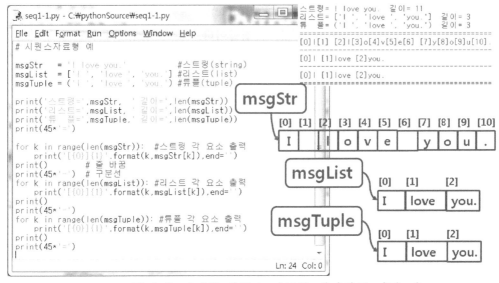

그림 9-2. 파이썬 시퀀스 자료형 데이터값 지정 예

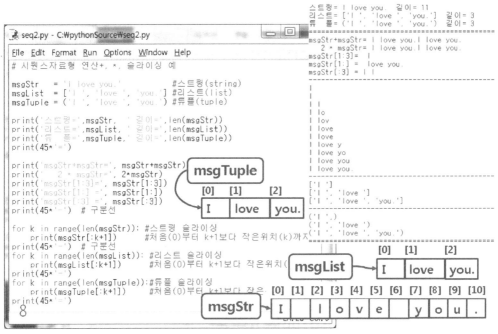

그림 9-3. 파이썬 시퀀스 자료형 데이터값 지정 예(슬라이싱 추가)

또한 파이썬 시퀀스 자료형은 시퀀스 길이 함수 len()에 의해 그 인덱스의 길이를 구할 수 있다. 예를 들어 len(msgStr)은 11, len(msgList)은 3, len(msgTuple)도 3이 된다. 그림 9-2는 지금까지 설명한 시퀀스 자료형에 데이터값을 지정하고 길이를 구하는 것을 나타낸 것이다.

파이썬 시퀀스 자료형의 또다른 특성으로는 연산자 +와 *를 사용할 수 있다는 것인데, +는 두 시퀀스 자료를 붙이기하는 역할을 하고, *는 반복해서 붙이기하는 역할을 한다. 예를 들어, msgStr+msgStr은 2*msgStr 또는 msgStr*2와 같으며 그 결과는 'I love you.I love you.' 가 된다. 또한 인덱스 범위를 주어서 일정범위의 구성요소들을 참조하는 슬라이싱 기능이 있다. 예를 들어 msgStr[1:3]은 인덱스 1에서 3보다 작은 2까지의 요소인 ' l', msgStr[1:]은 인덱스 1부터 끝까지 요소인 ' love you.', msgStr[:3]은 처음부터 인덱스 3보다 작은 2까지인 'I l'를 참조한다. 그림 9-3은 그림 9-2에 추가하여 +,* 연산, 슬라이싱 예를 추가한 것이다. 45*'-'은 '-'을 45개 덧붙여 구분선 역할을 한다.

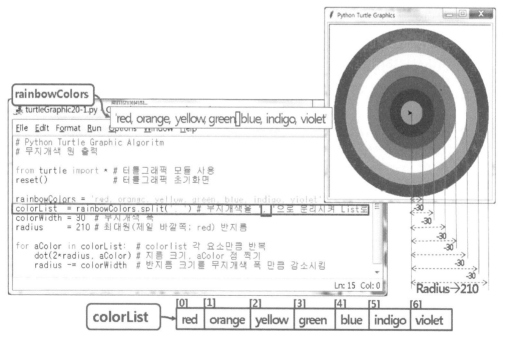

그림 9-4. 무지개색 원 출력

그림 9-4는 파이썬 시퀀스 자료형 특성을 이용하여 무지개 원을 출력하는 예를 나타낸 것이다. 빨간색(red), 주황색(orange), 노란색(yellow), 초록색(green), 파란색(blue), 남색(indigo), 보라색(violet) 순서로 커다란 점부터 크기를 줄여가면서 7개의 점을 찍어서 무지개 원이 구현되게 한다. 이를 위해서 일단 무지개색 이름을 rainbowColors 문자열 변수에 지정한 다음, 이를 rainbowColors.split(', ')을 통하여 ', '로 분리하여 리스트 변수 colorList의 구성요소가 되게 한다. 반지름(radius)을 210으로 무지개 원의 간격(colorWidth)을 30으로 정한 다음, colorList의 요소 수(7) 만큼 무지개색의 원에 해당되는 지름 크기의 점을 찍고 반지름 크기를 무지개색 폭 만큼 감소시키는 것을 반복한다.

그림 9-5는 그림 9-4에 추가하여 무지개색 이름과 함께 무지개 원을 출력하는 예를 나타낸 것이다. 무지개색 이름이 출력되는 위치는 x 위치는 0, y위치는 현재 출력되는 반지름(radius)인 (0, radius)로 정하면 된다. 이 때 setpos(0, radius)에 의해 그리지 않고 이동하도록 해야 하기 때문에 미리 up()에 의해 이동 그리기 모드 해제 상태로 만들어야 한다. 물론 dot()의 경우 터틀을 이동시키는 것이 아니기 때문에 영향을 받지 않는다. 이동된 위치에 현재 색이름을 '맑은고딕', 12포인트, 진하게, 가운데 정렬하여 출력한 다음, 반복적으로 점을 찍을 때마다 터틀이 (0,0)에 있어야 하므로 home()을 수행하게 한다.

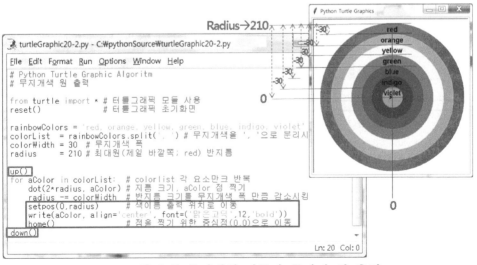

그림 9-5. 무지개색 이름과 무지개 원 출력

9.2 파이썬 시퀀스 자료형 응용

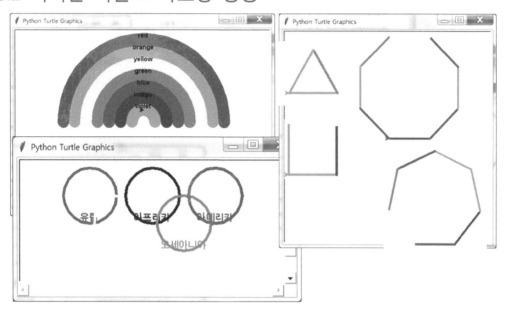

파이썬 시퀀스 자료형 중에서 가장 유연성이 뛰어난 자료형은 리스트(list)형이다. 리스트의 각 요소를 단순하게 한 자리 문자로 구성하면 구성요소를 변경할 수 있는 문자열형으로 사용할 수 있고, 단어 형태로 구성하면 문자열의 배열형태로 사용할 수 있으며, 숫자로만 구성하면 일차원 숫자 배열 형태로 사용할 수 있다. 또한 다른 리스트나 튜플을 구성요소로 갖는 복합 리스트 구조를 구성하여 사용할 수도 있다.

그림 9-6은 무지개 원호가 그려지세 한 예를 나타낸 것으로 무지개색 이름을 문자열형 대신 단순 리스트형을 이용하여 직접 지정해놓고 이용한다. 그림 9-5처럼 무지개 원을 위한 점을 찍는 대신 circle(radius, 180)에 의해 반지름 크기의 원호를 0도에서 180도까지 선두께를 두껍게 그리게 하여 무지개를 구현한다.

빨간색(red), 주황색(orange), 노란색(yellow), 초록색(green), 파란색(blue), 남색(indigo), 보라색(violet) 순서로 단순 리스트 변수 colorList에 지정해두고 colorList의 길이(7) 만큼 반복하면서 커다란 원호부터 반지름의 크기를 줄여가면서 7개의 원호를 그려서 무지개가 구현되게 한다.

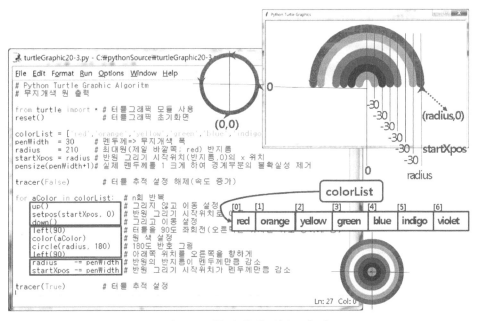

그림 9-6. 무지개색 원호 출력

　　그림 9-6과 같은 원호를 그리려면 원호 그리는 x좌표 출발위치(startXpos)와 y 좌표 출발위치 0으로 구성된 좌표 (startXpos, 0)에서 터틀의 방향이 위로 향하게 하고 180도 만큼의 원호를 그리게 되는데 그 때의 터틀의 방향은 아래로 향하게 된다. 시작 위치(0,0)에서 터틀의 방향은 오른쪽을 향하고 있으므로 (startXpos, 0) 위치로 이동한 후에는 원호를 그리기 위해 left(90)에 의해 터틀의 방향이 위로 향하게 하고 원호를 그린 후에도 터틀의 방향이 아래로 향하게 되므로 left(90)에 의해 오른쪽을 향하게 해야 한다. 그래야 부작용이 발생하지 않고 반복적으로 원 호의 반지름 크기와 x좌표 출발위치(startXpos)를 무지개폭(30)에 해당하는 펜두 께(penWidth)만큼씩 줄여나가면서 원호를 그려서 무지개를 완성할 수 있다.

　　빨간색(red), 주황색(orange), 노란색(yellow), 초록색(green), 파란색(blue), 남색 (indigo), 보라색(violet) 순서로 단순 리스트 변수 colorList에 지정해두고 colorList의 길이(7) 만큼 반복하면서 큰 원호부터 차례로 반지름의 크기를 줄여 가면서 7개의 원호를 그려서 무지개가 구현되게 한다.

```
turtleGraphic20-4.py - C:\pythonSource\turtleGraphic20-4.py

File  Edit  Format  Run  Options  Window  Help
# Python Turtle Graphic Algoritm
# 무지개색 원 출력

from turtle import *  # 터틀그래픽 모듈 사용
reset()                # 터틀그래픽 초기화면

colorList = ['red','orange','yellow','green','blue','indigo','violet']#무지개색
penWidth  = 30      # 펜두께=> 무지개색 폭
radius    = 210     # 최대원(제일 바깥쪽; red) 반지름
startXpos = radius  # 반원 그리기 시작위치(반지름,0)의 x 위치
pensize(penWidth+1)# 실제 펜두께를 1 크게 하여 경계부문의 불확실성 제거

tracer(False)       # 터틀 추적 설정 해제(속도 증가)

for aColor in colorList: # n회 반복
    up()                # 그리지 않고 이동 설정
    setpos(startXpos, 0) # 반원 그리기 시작위치로 이동
    down()              # 그리고 이동 설정
    left(90)            # 터틀을 90도 좌회전(오른쪽을 위치를 위로 향하게 함)
    color(aColor)       # 원 색 설정
    circle(radius, 180) # 180도 반호 그림
    left(90)            # 아래쪽 위치를 오른쪽을 향하게
    up()                # 그리지 않고 이동 다시설정
    setpos(0, startXpos) # (startXpos,0)을 90도 좌회전 위치로 설정
    down()              # 그리고 이동하는 것으로 다시 설정
    color('black')      # 출력색을 검정색으로 설정
    write(aColor, align='center', font=('맑은고딕',10,'bold')) # 색명칭 글자 출력
    radius    -= penWidth # 반원의 반지름이 펜두께만큼 감소
    startXpos -= penWidth # 반원 그리기 시작위치가 펜두께만큼 감소

tracer(True)        # 터틀 추적 설정

                                                        Ln: 32  Col: 0
```

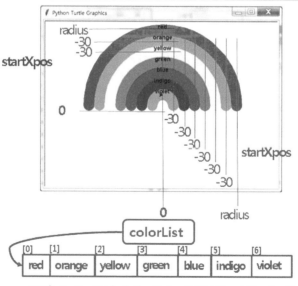

그림 9-7. 무지개색 원호 출력(색 이름 추가)

그림 9-7은 그림 9-6에 추가하여 무개개색 이름이 중앙에 나오도록 하는 무지개 출력 예를 나타낸 것이다. 빨간색(red), 주황색(orange), 노란색(yellow), 초록색(green), 파란색(blue), 남색(indigo), 보라색(violet) 순서로 단순 리스트 변수 colorList에 지정해두고 colorList의 길이(7) 만큼 반복하면서 현재 색이름을 각 원호의 중앙위치인 (0, startXpos)에 검은색으로 '맑은고딕', 10포인트, 진하게, 가운데 정렬하여 출력한다.

그림 9-8은 파이썬 단순 리스트 응용예로서 임의의 정n각형 출력하되 n을 3~8 사이의 임의의 수로 하고 동시에 각 선 색을 임의의 무지개색으로 지정하여 제멋대로 도형을 제멋대로 색을 지정하여 나오게 하는 예를 나타낸 것이다. 먼저 n을 randint(3,8)에 의해 3~8 사이의 난수로 정하고 단순리스형인 colorList에 색이름을 정해놓고 정n각형의 n개의 변을 그릴 때마다 randint(0,6)에 의해 0~6 사이의 colorList의 인덱스가 임의로 발생하여 7가지 색 중의 하나로 정해지게 하여 각 변의 색깔까지 달리 나오게 한다.

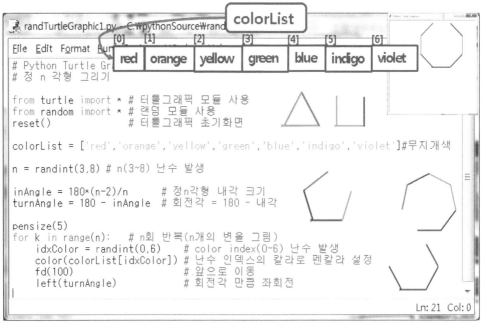

그림 9-8. 임의의 정n각형 출력

그림 9-9는 파이썬 복합 리스트 응용 예로서 오륜기를 출력하는 예를 나타낸 것이다. 각 대륙을 상징하는 색이름(circleColors)과 원의 아래쪽 중앙 위치 좌표를 튜플(tuple) 형태로 만들어 복합 리스트 구조를 갖는 startPoints 복합 리스트 형태로 구성되게 한다. goto(aPoint[0],aPoint[1])에 의해 해당 위치로 이동하고 color(circleColors[k])에 의해 그려질 원의 색을 정하는데 k는 circleColors 리스트 인덱스로 반복 리스트 변수 aPoint의 직접적인 영향을 받지 않으므로 별도로 k+=1에 의해 증가시킨다. 여기서 aPoint[0]은 startPoints[k][0], aPoint[1]은 startPoints[k][1]과 같다.

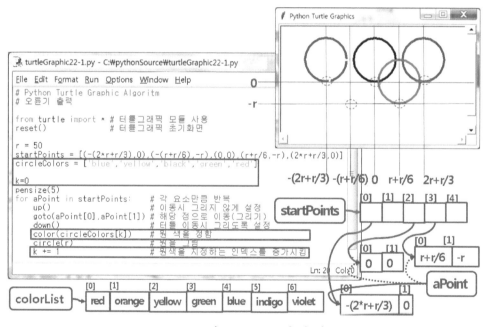

그림 9-9. 오륜기 출력

연습문제 9

[기초문제]

※ 다음 글을 읽고 빈 칸에 가장 알맞은 말을 넣으시오.

1. 시퀀스(sequence) 자료형은 (   )를 갖는 데이터의 집합이며 그 종류에는 문자열, (   ), 튜플 등이 있다.

2. 시퀀스 자료형 중 문자열(string)은 (   ) 또는 " " 으로 쌓인 문자 데이터들의 집합이고, 리스트(list)는 (   ) 안에 컴마(,)로 구분된 각종데이터들의 집합이며, (   )은 소괄호 안에 컴마(,)로 구분된 각종데이터들의 집합을 말한다.

3. 시퀀스 자료형의 각 데이터 요소는 인덱스(index)를 사용하여 참조 가능하며 인덱스는 (   )부터 시작한다. 이렇게 인덱스를 통해 각 요소에 접근하고 참조하는 것을 (   )이라 한다.

4. 시퀀스 자료형의 데이터 길이를 알려주는 함수는 (   )이다.

5. 시퀀스 자료형의 데이터를 참조할 때, 일정범위의 요소들을 인덱스 사이에 콜론을 포함시켜 지정하여 참조할 수 있게 하는 것을 (   )이라 한다. msgStr[1:]은 인덱스 1부터 (   )까지 요소를 참조하고, msgStr[0:3]과 msgStr[:3]은 처음부터 인덱스 3보다 작은 인덱스 (   )까지의 요소를 참조한다.

6. 파이썬 시퀀스 자료형 중에서 가장 유연성이 뛰어난 자료형은 (   )형이며, 이것의 각 요소를 단순하게 한 자리 문자로 구성하면 구성요소를 변경할 수 있는 문자열형으로 사용할 수 있고, 숫자로만 구성하면 일차원 숫자 (   ) 형태로 사용할 수 있다.

7. (   ) 모듈에 정의된 randint()함수는 정수난수를 발생시키는 것으로서 randint(3,8)에 의해 3~(   ) 사이의 정수난수가 발생하고 randint(0,6)에 의해 (   )~6 사이의 정수난수가 발생한다.

[심화문제]

1. 빈 칸을 채워서 리스트에 있는 정n각형을 임의로 출력하는 프로그램을 완성하시오.

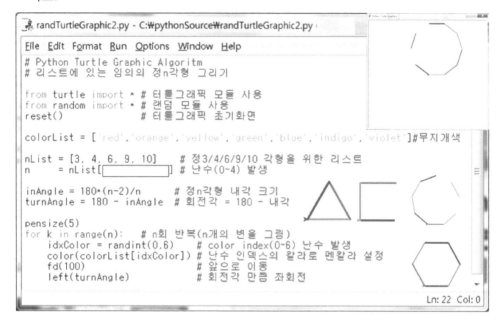

```
randTurtleGraphic2.py - C:\pythonSource\randTurtleGraphic2.py
File Edit Format Run Options Window Help
# Python Turtle Graphic Algoritm
# 리스트에 있는 임의의 정n각형 그리기

from turtle import *  # 터틀그래픽 모듈 사용
from random import *  # 랜덤 모듈 사용
reset()              # 터틀그래픽 초기화면

colorList = ['red','orange','yellow','green','blue','indigo','violet']#무지개색

nList = [3, 4, 6, 9, 10]   # 정3/4/6/9/10 각형을 위한 리스트
n     = nList[□□□□□]  # 난수(0~4) 발생

inAngle = 180*(n-2)/n      # 정n각형 내각 크기
turnAngle = 180 - inAngle  # 회전각 = 180 - 내각

pensize(5)
for k in range(n):    # n회 반복(n개의 변을 그림)
    idxColor = randint(0,6)   # color index(0~6) 난수 발생
    color(colorList[idxColor]) # 난수 인덱스의 칼라로 펜칼라 설정
    fd(100)                    # 앞으로 이동
    left(turnAngle)            # 회전각 만큼 좌회전
                                                    Ln: 22  Col: 0
```

2. 빈 칸을 채워서 오륜기 출력을 위한 프로그램을 완성하시오.

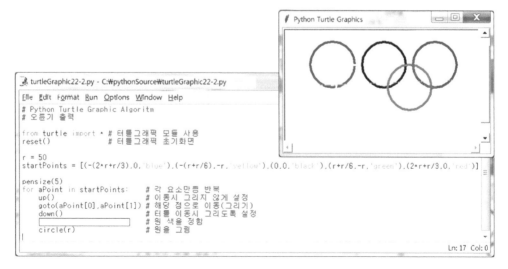

```
turtleGraphic22-2.py - C:\pythonSource\turtleGraphic22-2.py
File Edit Format Run Options Window Help
# Python Turtle Graphic Algoritm
# 오륜기 출력

from turtle import *  # 터틀그래픽 모듈 사용
reset()              # 터틀그래픽 초기화면

r = 50
startPoints = [(-(2*r+r/3),0,'blue'),(-(r+r/6),-r,'yellow'),(0,0,'black'),(r+r/6,-r,'green'),(2*r+r/3,0,'red')]

pensize(5)
for aPoint in startPoints:    # 각 요소만큼 반복
    up()                       # 이동시 그리지 않게 설정
    goto(aPoint[0],aPoint[1])  # 해당 점으로 이동(그리기)
    down()                     # 터틀 이동시 그리도록 설정
    □□□□□□□□□           # 원 색을 정함
    circle(r)                  # 원을 그림
                                                    Ln: 17  Col: 0
```

제10장
파이썬 조건문

　우리의 인생도 수많은 선택의 기로에 선 선택의 연속과정인 것처럼 컴퓨터 프로그램 속의 명령문도 특정 조건에 따라 분기하여 수행하는 것이 달라지도록 하는 것이 필요하다. 컴퓨터 알고리즘 속의 분기 구조는 1단계만 보면 참과 거짓에 따라 갈라지는 단순한 구조 같아 보이지만, 그 단계가 깊어짐에 따라 2, 4, 8,.., 2^n 등과 같이 지수 함수로 급격히 가지수가 많아지는 복잡한 구조를 가지므로 그만큼 이해하기가 힘들어진다. 컴퓨터 알고리즘은 반드시 끝이 나야 하므로 분기 구조를 복잡하게 따라 가다가도 결국은 하나로 합해져야 하는 구조적 코딩의 한 요소로서 역할을 할 수 있도록 해야 한다. 컴퓨터 알고리즘의 분기구조를 구조적으로 코딩할 수 있는 파이썬 조건문은 if이다.

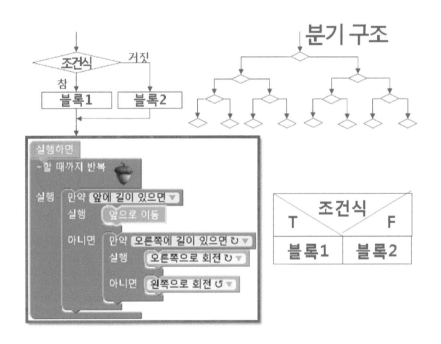

10.1 파이썬 조건문 개요

```
if  조건식1 :      if(a>b):          if(score>=90):
    블록1              print(a)          gradeLetter='A'
[elif 조건식2 :   else:             elif(score>=80):
    블록2]             print(b)          gradeLetter='B'
    ...                              elif(score>=70):
[else :                                 gradeLetter='C'
    블록3]          if(b>max): max = b  elif(score>=60):
                                        gradeLetter='D'
                                     else:
                                        gradeLetter='F'
```

파이썬 조건문인 if는 컴퓨터 알고리즘의 분기 구조를 코딩할 수 있는 것으로, 프로그램을 실행하다 특정 조건에 따라 다른 처리를 해야 할 경우에 사용하는 명령문이다. if문의 형식은 그림 10-1과 같다. 만약 조건식1이 참이면 블록1을 수행하고 그렇지 않고 만약 조건식2이면 블록2를 수행하며, 그렇지 않으면 블록3을 수행하는 것을 나타낸 것이다. 형식 속에 표현된 '[ ]' 속의 내용은 생략 가능하다는 뜻이고, '...'은 반복 가능하다는 뜻이다. 따라서 이 부분을 단순하게 해석하여 만약 조건식1이면 블록1을 수행하고 그렇지 않으면 다음으로 넘어가라는 것으로 봐도 된다.

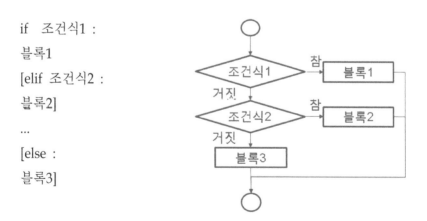

그림 10-1. 조건문 if 형식

- 167 -

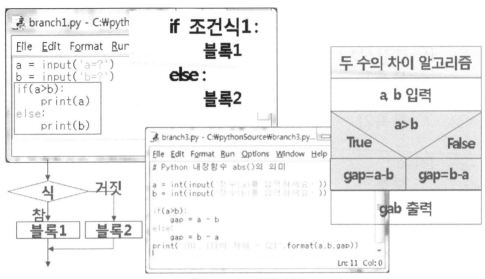

그림 10-2. 조건문 if-else 예

그림 10-2는 만약 조건식1이 참이면 블록1을 수행하고 그렇지 않으면 블록2를 수행하는 구조의 예를 나타낸 것이다. 왼쪽 예는 두 수(a, b)를 입력받아 비교한 다음 큰 수를 출력하는 알고리즘을 함께 제시한 것으로 만약 a>b이면 a를 그렇지 않으면 b를 출력한다. 오른쪽 예는 두 수(a, b)를 입력받아 두 수의 차이(gap)를 출력하는 알고리즘을 표현한 것으로 만약 a>b이면 차이(gap)r가 a-b, 그렇지 않으면 b-a로 계산하여 차이(gap)를 출력한다.

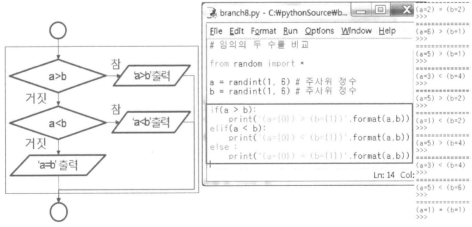

그림 10-3. 조건문 if-elif 예

그림 10-3은 if-elif 구조의 예를 나타낸 것으로, 주사위의 숫자(1~6)에 해당되는 임의의 두 수를 발생시켜 그 비교 결과를 보여주는 것을 나타낸 것이다. 두 수(a, b)는 각각 randint(1, 6)에 의해 1~6 사이의 정수를 제멋대로 생성한다. 만약 a>b 이면 a가 b보다 크다는 것을 값과 함께 출력하고, 그렇지 않고 만약 a<b이면 a가 b보다 작다는 것을 값과 함께 출력하며, 그렇지 않으면 a와 b가 같다는 것을 값 과 함께 출력한다.

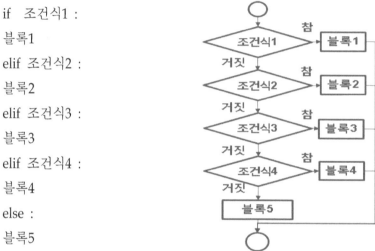

```
if  조건식1 :
블록1
elif 조건식2 :
블록2
elif 조건식3 :
블록3
elif 조건식4 :
블록4
else :
블록5
```

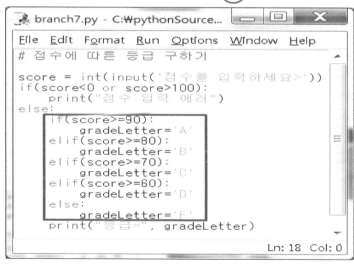

```
# 점수에 따른 등급 구하기

score = int(input('점수를 입력하세요>'))
if(score<0 or score>100):
    print("정수 입력 에러")
else:
    if(score>=90):
        gradeLetter='A'
    elif(score>=80):
        gradeLetter='B'
    elif(score>=70):
        gradeLetter='C'
    elif(score>=60):
        gradeLetter='D'
    else:
        gradeLetter='F'
    print("등급=", gradeLetter)
```

그림 10-4. 조건문 if-elif 예(점수에 따른 등급 구하기)

그림 10-4는 기본 if-else 구조 속에 그림 10-3 if-elif 구조의 elif가 심화된 예를 나타낸 것으로, 점수를 입력받아 1~100사이의 수가 아니면 에러 메시지를 출력하고 그렇지 않으면 점수크기에 따라 등급을 정하는 것을 보여준다. 점수에 따른 등급은 만약 점수가 90이상이면 'A' 그렇지 않고 만약 점수가 80이상이면 'B', 그렇지 않고 만약 점수가 70이상이면 'C', 그렇지 않고 만약 점수가 60이상이면 'D',그렇지 않으면 'F'가 된다.

[출력정보] 정n각형 그림
[입력자료] n (3≤n≤8)

[알고리즘]
정수 n 입력
 	
if (3≤n≤8)
　정n각형 내각 크기(inAngle) = 180*(n-2)/n
　회전각(turnAngle) = 180 - inAngle
　　n회 반복(n개의 변을 그림)
　　　앞으로 이동
　　　회전각 만큼 좌회전
 	
else
　'데이터 입력 에러...3<=n<=8' 출력

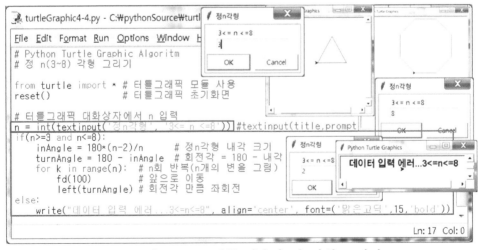

그림 10-5. 조건문 사용한 정n각형 그리기

그림 10-5는 파이썬 조건문 예로서 정n각형(3≤n≤8) 그리기를 나타낸 것이다. textinput()은 GUI 환경의 터틀그래픽 대화상자에서 n 입력을 받고자 할 때 사용하는 기능을 가지고 있다. 대화상자를 통해 입력받은 숫자가 들어있는 문자열을 int형으로 바꾸어 n으로 하고, 만약 (3≤n≤8)이면 그림 9-8과 유사한 과정으로 정n각형을 만들어 출력하고 그렇지 않으면 '데이터 입력 에러'를 출력한다.

10.2 파이썬 조건문 활용 예

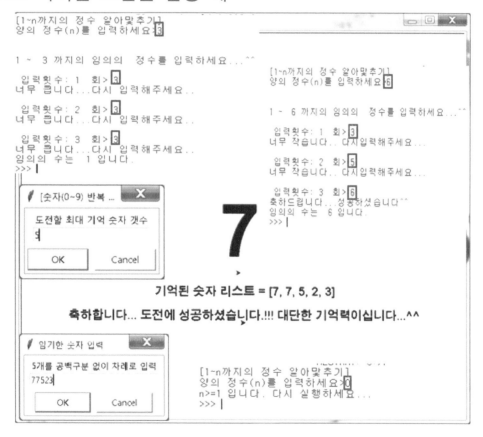

임의의 숫자 알아맞히기를 통하여 조건문을 실제로 활용하는 것을 살펴보고자 한다.

[출력정보] 임의의 수(r)와 알아맞힘 유무 메시지

[입력자료] 임의의 수 발생범위(n), 추측한 수(x)

[알고리즘]

n 입력

1~n 사이의 난수 정수 발생

> n회 반복
>
> > 추측한 수(x) 입력
> >
> > > if(x>r)
> > >
> > > > "너무 큽니다...다시 입력해주세요.." 출력
> > >
> > > else if(x<r)
> > >
> > > > "너무 작습니다.. 다시 입력해주세요..." 출력
> > >
> > > else
> > >
> > > > "축하드립니다...성공하셨습니다^^" 출력
> > > >
> > > > 반복 루프 탈출

임의의 수(r) 출력

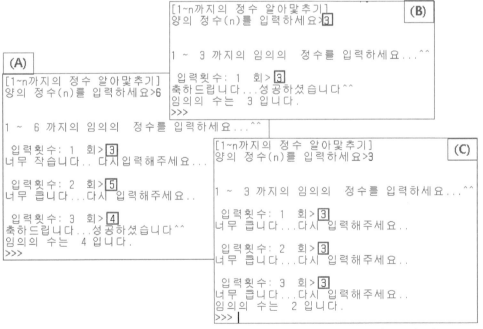

그림 10-6. 임의의 수 알아맞히기 알고리즘 및 3가지 실행 예

그림 10-6은 1~n사이의 난수정수(r)를 발생시켜 기억시켜 놓고 그 수를 알아맞히는 알고리즘과 입출력 설계상태를 보여주는 실행결과을 나타낸 것으로 추측하여 입력한 수(x)가 난수정수(r) 보다 크면 너무 크다는 메시지와 함께 다시 입력해주라는 메시지를 출력하고, 만약 작으면 너무 작다는 메시지와 함께 다시 입력해주라는 메시지를 출력하며, 그렇지 않으면 성공 메시지를 출력한다. 추측 수를 입력할 때마다 프롬프트로 입력횟수가 나오게 하고 최대 n 번 반복 수행하게 한다. 그림 10-6에는 알고리즘과 함께 성공한 3가지 실행 예를 보여주고 있다.

그림 10-7은 그림 10-6에 제시한 알고리즘과 입출력설계를 기초로 코딩한 파이썬 프로그램을 나타낸 것이다. 최대 n 회 반복수행하며, 성공한 경우 break 명령에 의해 반복루프를 탈출한다. range(n)은 0, 1, 2, ... n-1까지 n개의 값을 의미하므로 k가 n회 변화하게 되고 결국 for문에 의해 n회 루프가 반복된다.

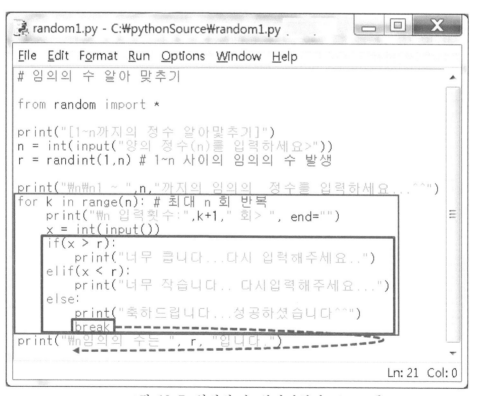

그림 10-7. 임의의 수 알아맞히기 프로그램

그림 10-8은 그림 10-7에 제시한 알고리즘에 제약사항 분기구조를 추가한 알고리즘과 입출력 설계상태에 해당되는 실행결과를 나타낸 것이다. 추가되는 조건문은 만약 n이 1이상이면 그림 10-8과 같이 하고 그렇지 않으면 에러메시지를 출력한다. 그림 10-9는 그림 10-8에 제시한 알고리즘과 입출력설계를 기초로 코딩한 파이썬 프로그램을 나타낸 것이다.

[출력정보] 임의의 수(r)와 알아맞힘 유무 메시지
[입력자료] 임의의 수 발생범위(n), 추측한 수(x)
[알고리즘] n 입력 1~n 사이의 난수 정수 발생

```
if(n>=1)
        n회 반복
            추측한 수(x) 입력
            if(x>r)
               "너무 큽니다...다시 입력해주세요.." 출력
            else if(x<r)
               "너무 작습니다.. 다시 입력해주세요..." 출력
            else
               "축하드립니다...성공하셨습니다^^" 출력
               반복 루프 탈출
    임의의 수(r) 출력
else
   'n>=1 입니다. 다시 실행하세요...' 출력
```

```
[1~n까지의 정수 알아맞추기]
양의 정수(n)를 입력하세요>0
n<1 입니다. 다시 실행하세요...
>>>
```

```
[1~n까지의 정수 알아맞추기]
양의 정수(n)를 입력하세요>-1
n<1 입니다. 다시 실행하세요...
>>>
```

그림 10-8. 제약사항 조건문으로 개선한 임의의 수 알아맞히기 실행 예

```
random1-2.py - C:\pythonSource\random1-2.py                    _ □ X

File  Edit  Format  Run  Options  Window  Help

# 임의의 수 알아 맞추기

from random import *

print("[1~n까지의 정수 알아맞추기]")
n = int(input("양의 정수(n)를 입력하세요>"))

if(n>=1):
    r = randint(1,n) # 1~n 사이의 임의의 수 발생
    print("\n\n1 ~ ", n, "까지의 임의의  정수를 입력하세요.. ^^")
    for k in range(n): # 최대 n회 반복
        print("\n 입력횟수:",k+1," 회> ", end="")
        x = int(input())
        if(x > r):
            print("너무 큽니다...다시 입력해주세요..")
        elif(x < r):
            print("너무 작습니다.. 다시입력해주세요...")
        else:
            print("축하드립니다...성공하셨습니다^^")
            break
    print("임의의 수는 ", r, "입니다.")
else:
    print("n<1 입니다. 다시 실행하세요...")

                                                        Ln: 24  Col: 0
```

그림 10-9. 임의의 수 알아맞히기 프로그램(제약사항 조건문 추가)

파이썬 조건문 활용 예로서 n개의 임의의 숫자 기억하여 알아맞히기를 수행하는 문제를 생각해보자. 일단 알아맞히고자 하는 숫자의 수(n)를 입력하고 그 범위에서 n개의 난수를 발생시켜 저장해두었다가 하나씩 보여준 다음 그 숫자를 암기한 것을 입력하도록 하여 알아맞히기를 제대로 했는지 성공여부를 알려주도록 한다. 이와 관련된 세부사항을 그림 10-10, 10-11, 10-12을 통하여 살펴보자.

그림 10-10은 그림 10-11과 같은 입출력을 염두에 두고 n개의 임의의 숫자 기억하여 알아맞히기 알고리즘을 나타낸 것이다. 그림 10-11은 n개의 임의의 숫자 기억하여 알아맞히기를 수행할 때 '도전할 최대 기억 숫자 개수' 레이블이 나오는 대화상자에서 n(예를 들면 5)을 입력받고 그 횟수만큼 난수를 일정 시간간격으로 차례로 보여준 다음 '암기한 숫자 입력' 대화상자에서 암기한 것을 입력받고 그 성공메시지와 기억된 숫자 리스트를 보여주는 것이다.

[출력정보] n개의 임의의 숫자 리스트(numList), 축하메시지
[입력자료] 임의의 수 발생범위(n), 기억한 임의의 수 문자열(numStr)

[알고리즘]
n 입력
numList =[] (리스트 초기화)

> k=0~n-1까지 n회 반복
>> 0~9 사이의 난수 정수(r) 발생
>> numList에 발생한 난수정수(r) 추가

> k=0~리스트길이-1까지 (리스트길이)만큼 반복
>> numList[k] 출력
>> 시간 지체

기억한 수를 차례로 문자열(numStr)로 입력

> if(문자열과 리스트의 길이가 다르면)
>> equalSw = False (문자열과 리스트의 동일여부 스위치를 False로 정함)
> else
>> equalSw = True (문자열과 리스트의 동일여부 스위치를 True로 정함)
>
>> k=0~n-1까지 n회 반복
>>> if((int(numStr[k]) != numList[k])
>>>> equalSw = False
>>>> 반복 루프 탈출

임의의 숫자 리스트(numList)출력

> if(equalSw)
>> 축하메시지 출력

그림 10-10. n개의 임의의 수 알아맞히기 알고리즘

일단 n개의 임의의 숫자를 발생시켜 리스트형의 임의숫자리스트(numList)에 보관하고, 시간 간격을 두고 하나씩 차례로 보여주어 암기하게 한 다음, 보여주었던 n개의 숫자를 하나의 문자열(numStr)로 한꺼번에 입력하게 하고, 일치여부를 판

단하여 그 결과에 따라 메시지를 출력한다. 성공여부를 알려주는 equalSW 변수를 사용하여 만약 입력문자열(numStr)이 임의숫자리스트(numList)와 길이가 같고 각 구성요소들을 차례로 비교했을 때 모두 일치하면 equalSW를 True로 하고, 일치하지 않으면 equalSW을 False로 한다. 일치여부와 상관없이 임의숫자리스트(numList)를 출력하여 정답을 확인할 수 있게 하고, 만약 equalSW가 True이면 성공 축하메시지를 추가적으로 출력한다.

그림 10-11은 n개의 임의의 숫자 기억하여 알아맞히기 문제의 입출력 설계상태에 해당되는 실행결과를 나타낸 것이다. 텍스트 중심이 아닌 GUI 환경의 파이썬 터틀 그래픽을 사용하므로, 입력 대화상자와 출력메시지까지 모두 그래픽 형태로 나오게 한다. 그림 10-11에서 왼쪽 (A)의 경우 입력 문자열과 기억된 숫자 리스트가 모두 일치하여 맞춘 경우를 나타내고, 오른쪽 (B)는 불일치의 경우를 나타낸 것이다.

그림 10-12는 그림10-10과 같은 n개의 임의의 숫자 기억하여 알아맞히기 알고리즘과 그림 10-11과 같은 입출력을 기반으로 코딩한 파이썬 프로그램을 나타낸 것이다.

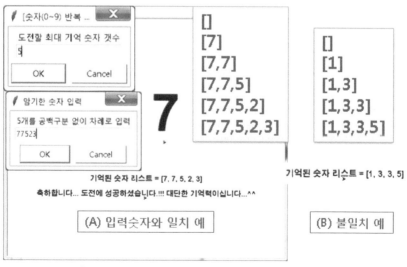

그림 10-11. n개의 임의의 수 알아맞히기 입출력 설계

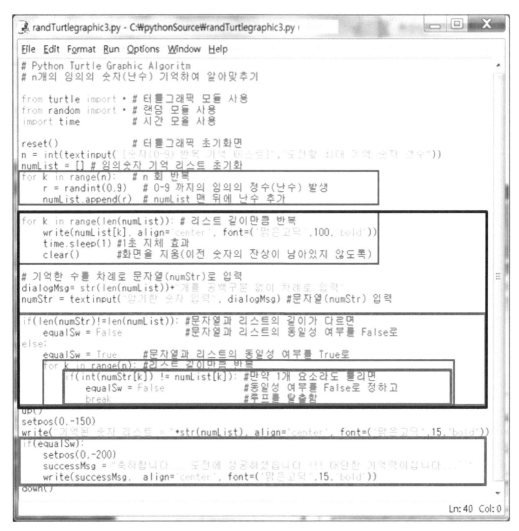

그림 10-12. n개의 임의의 수 알아맞히기 프로그램

그림 10-12에서 numList = []은 임의 숫자를 보관하는 리스트변수(numList)를
만들되 내용은 아직 없게 초기화시키는 명령문이고 numList.append(r)는 리스트
변수(numList)에 r을 추가하는 것이다. 리스트객체에 새로운 값을 추가하고자 할
때 append() 메서드(객체에서 특정기능을 수행하는 방법을 모아놓은 것으로 함수
와 유사함)를 사용한다.

연습문제 10

[기초문제]

※ 다음 글을 읽고 빈 칸에 가장 알맞은 말을 넣으시오.

1. if는 프로그램을 실행하다 특정 (   )에 따라 다른 처리를 해야 할 경
   우에 분기하도록 하는 명령문으로 if의 형식은 다음과 같다.

   if 조건식1 :
       블록1
   [(   ) 조건식2 :
       블록2]
   ...
   [(   ) :
       블록3]

2. 정n각형(3≤n≤8)을 그리기 위하여 입력받는 n의 유효한 값을 위한 if문
   의 조건은 n>=3 (   ) n<=8 이다.

3. 리스트 변수 numList에 x 요소를 리스트 맨 뒤에 추가하기 위해서는
   numList.(   )와 같이 하면 된다.

4. 시간지체를 t 만큼 하기 위해서는 'import time'에 의해 time 모듈의 함수
   를 사용할 수 있게 설정한 다음 time.(   )와 같이 지정하면 된다.

5. 문자열 변수 numStr과 리스트 변수 numList의 각 요소의 길이가 같지
   않은 지를 비교하기 위한 조건은 len(numStr) (   ) len(numList) 이다.

[심화문제]

1. 빈 칸을 채워 다음과 같은 실행 결과를 보이도록 프로그램을 완성하시오.

```
random1-3.py - C:\pythonSource\random1-3.py

File  Edit  Format  Run  Options  Window  Help

# 임의의 수 알아 맞추기

from random import *

print("[2~n까지의 정수 알아맞추기]")
n = int(input("양의 정수(n)를 입력하세요>"))
r = randint(2,n) # 2~n 사이의 임의의 수 발생

print("\n\n2 ~ ",n,"까지의 임의의 정수를 입력하세요...^^")
for k in range(        ): # 최대 n/2 회 반복
    print("\n 입력횟수:",k+1," 회> ", end="")
    x = int(input())
    if(x > r):
        print("너무 큽니다...다시 입력해주세요..")
    elif(x < r):
        print("너무 작습니다.. 다시입력해주세요...")
    else:
        print("축하드립니다...성공하셨습니다^^")
        break
print("임의의 수는 ", r, "입니다.")

                                              Ln: 1  Col: 0
```

```
[2~n까지의 정수 알아맞추기]
양의 정수(n)를 입력하세요>10


2 ~ 10 까지의 임의의 정수를 입력하세요...^^

 입력횟수: 1 회> 6
너무 큽니다...다시 입력해주세요..

 입력횟수: 2 회> 3
너무 작습니다.. 다시입력해주세요...

 입력횟수: 3 회> 4
너무 작습니다.. 다시입력해주세요...

 입력횟수: 4 회> 5
축하드립니다...성공하셨습니다^^
임의의 수는 5 입니다.
>>>
```

```
[2~n까지의 정수 알아맞추기]
양의 정수(n)를 입력하세요>10


2 ~ 10 까지의 임의의 정수를 입력하세요...^^

 입력횟수: 1 회> 1
너무 작습니다.. 다시입력해주세요...

 입력횟수: 2 회> 10
너무 큽니다...다시 입력해주세요..

 입력횟수: 3 회> 5
너무 큽니다...다시 입력해주세요..

 입력횟수: 4 회> 7
너무 큽니다...다시 입력해주세요..

 입력횟수: 5 회> 4
너무 큽니다...다시 입력해주세요..
임의의 수는 3 입니다.
>>>
```

제11장
파이썬 반복문

컴퓨터를 사용하는데 있어서 유용한 5가지 상황을 좀더 자세히 분석해보면 그 밑에는 공통적으로 반복 처리가 깔려있다는 것을 알 수 있다. 그만큼 컴퓨터 사용에 있어서 반복 처리는 중요하며 대부분 컴퓨터 알고리즘과 컴퓨터 프로그램에 있어서도 반복 구조와 반복 명령문의 활용이 중요하다.

반복 처리를 하는 반복 명령문에 해당되는 파이썬 반복문에는 단순 반복문에 해당되는 for와 조건을 만족하는 동안 반복 수행하는 조건 반복문에 해당되는 while이 있다.

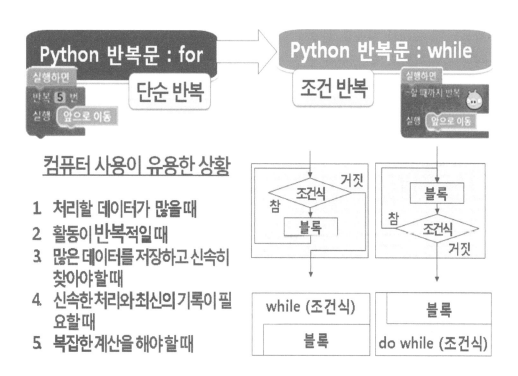

11.1 파이썬 반복문 : for

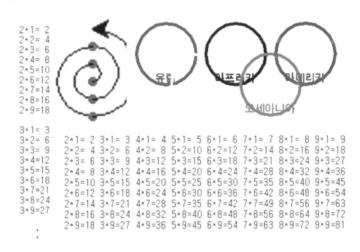

파이썬 반복문 중 for는 가장 널리 사용하는 단순 반복문으로 시퀀스형 데이터 객체의 각 요소가 차례로 변수에 전달되어 그 객체 크기만큼 반복 수행하는 명령이다. 순차적으로 특정 숫자 횟수 만큼을 반복하는 경우에는 시퀀스형 자료를 만들어주는 range() 함수를 사용한다. for문의 사용 형식은 다음과 같다.

      for 변수 in 시퀀스형데이터객체 :

        블록1

    [else :

        블록2]

변수는 for문 범위 내에서 시퀀스형 데이터객체 요소를 처음부터 차례로 할당 받아 그 요소의 수만큼 for 루프를 반복 수행하는 루프 변수에 해당된다. else 부분의 블록2는 블록1을 시퀀스형데이터객체 수만큼 반복 수행하고 난 다음에 수행하는 부분이다. 만약 블록1 속에서 루프를 탈출하는 명령(예를 들면 break)을 만나면 블록2를 수행하지 않는다.

그림 11-1은 파이썬 단순 반복문 for문의 사용 예를 나타낸 것으로 시퀀스 자료형 리스트, 튜플, 문자열 객체 크기만큼 반복하는 것과 range() 함수로 숫자의 연속인 시퀀스 자료를 만들어 특정 숫자만큼 반복하는 예를 나타낸 것이다.

petList의 경우 petList[0]에 해당하는 "puppy"부터 petList[4]에 해당하는 "turtle" 까지 차례로 루프 변수 k에 할당되어 반복적으로 출력된다. 각 요소들이 출력될 때 end=" "에 의해 줄바꿈 대신 공백이 나오므로 공백으로 구분되어 옆으로 출력된다. 그리고 모든 요소들이 다 출력된 후, print()에 의해 줄바꿈하여 다음 줄로 출력 위치를 옮겨놓고 다음 객체가 출력될 때는 새로운 줄에서 시작되게 한다. weekTuple의 경우 weekTuple[0]에 해당하는 "Sunday"부터 weekTuple[6]에 해당하는 "Saturday" 까지 차례로 루프 변수 k에 할당되어 반복적으로 공백으로 구분되어 옆으로 출력된다. msgStr의 경우 msgStr[0]에 해당하는 "H"부터 msgStr[15]에 해당하는 "!" 까지 차례로 루프 변수 k에 할당되어 반복적으로 공백으로 구분되어 옆으로 출력된다. range(n)은 0, 1, 2, ... n-1까지 n개의 값을 의미하므로, range(5)는 0~4까지 5개 , range(n)은 range(0,n,1)과 같으므로 range(1,10)은 1~9까지 9개, range(1,10,2)는 1에서 시작하여 10보다 작은 숫자(9)까지 2씩 증가하므로 1,3,5,7,9까지 5개가 되며 k는 해당범위 숫자로 변하면서 그 범위 개수만큼 반복 수행하게 된다.

그림 11-1. 시퀀스 자료형에 대한 반복문 for 사용 예

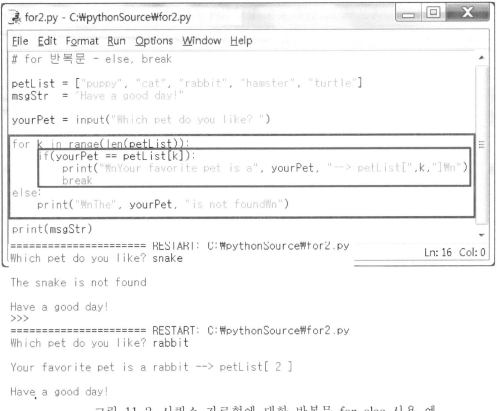

```
# for 반복문 - else, break

petList = ["puppy", "cat", "rabbit", "hamster", "turtle"]
msgStr  = "Have a good day!"

yourPet = input("Which pet do you like? ")

for k in range(len(petList)):
    if(yourPet == petList[k]):
        print("\nYour favorite pet is a", yourPet, "--> petList[",k,"]\n")
        break
else:
    print("\nThe", yourPet, "is not found\n")

print(msgStr)
===================== RESTART: C:\pythonSource\for2.py
Which pet do you like? snake

The snake is not found

Have a good day!
>>>
===================== RESTART: C:\pythonSource\for2.py
Which pet do you like? rabbit

Your favorite pet is a rabbit --> petList[ 2 ]

Have a good day!
```

그림 11-2. 시퀀스 자료형에 대한 반복문 for-else 사용 예

그림 11-2는 파이썬 단순 반복문 for-else를 사용하여 좋아하는 애완동물을 찾는 예를 나타낸 것으로 else 부분은 반복 부분 수행후 마지막에 수행되며, break는 루프를 완전 탈출하는 명령문으로 for속에서 break가 수행되면 else 부분도 건너뛴다는 것을 보여준다. petList 속에 애완동물 목록을 보관해두고 "Which pet do you like? "라는 물음으로 좋아하는 애완동물을 물어볼 때 대답한 애완동물을 petList 속에서 처음부터 차례로 찾아서 발견하면 그 애완동물이 들어있는 인덱스를 알려주고, 끝까지 찾지 못하면 else 부분에 나오는 그 동물을 발견하지 못했다는 메시지를 출력해준다.

그림 11-3은 파이썬 반복문 for를 사용하여 점점 커지는 n개의 반원 그리기를 한 예를 나타낸 것이다.

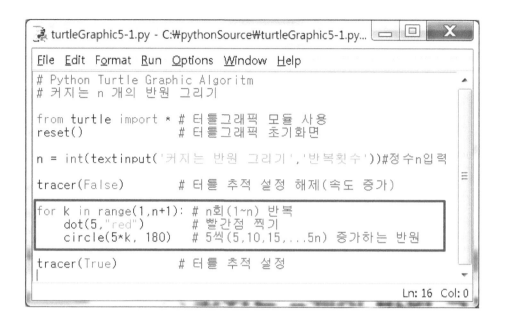

```
turtleGraphic5-1.py - C:₩pythonSource₩turtleGraphic5-1.py...

File Edit Format Run Options Window Help
# Python Turtle Graphic Algoritm
# 커지는 n 개의 반원 그리기

from turtle import *  # 터틀그래픽 모듈 사용
reset()               # 터틀그래픽 초기화면

n = int(textinput('커지는 반원 그리기','반복횟수'))#정수n입력

tracer(False)         # 터틀 추적 설정 해제(속도 증가)

for k in range(1,n+1):  # n회(1~n) 반복
    dot(5,"red")        # 빨간점 찍기
    circle(5*k, 180)    # 5씩(5,10,15,...5n) 증가하는 반원

tracer(True)          # 터틀 추적 설정

                                                    Ln: 16  Col: 0
```

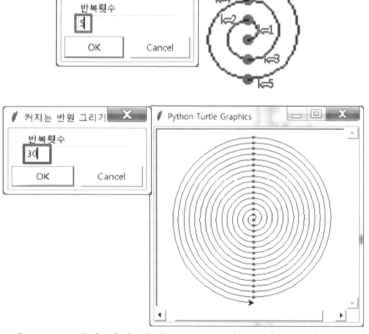

그림 11-3. n개의 점점 커지는 반원 그리기 위한 반복문 for활용 예

반복 횟수(n)를 미리 입력받아 n회 반복하면서 매번 반원의 크기가 증가되게 한 것이다. 반원을 그리기 시작할 때 터틀의 각도는 0도 즉 오른쪽을 가리키고 있고 반원을 그린 후 터틀의 각도는 180도 회전한 상태로 왼쪽을 가리키고 있으므로 반원의 크기가 커지면서 겹치지 않고 점점 확장된 반원이 그려진다. 반원을 그리는 시작점에서 dot(5,"red")에 의해 매번 5크기의 빨간 점을 찍는다. 그리고 tracer(False)를 사용하여 터틀 추적 설정을 해제시켜 빠른 속도로 그림이 그려지게 한다.

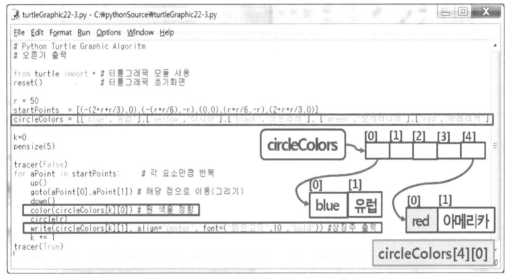

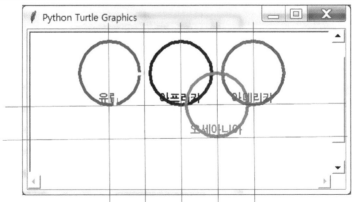

그림 11-4. 오륜기 출력을 위한 반복문 for 활용 예

그림 11-4는 파이썬 반복문 for를 사용하여 오륜기를 출력한 예를 한 나타낸 것이다. 그림 9-9에서 파이썬 복합 리스트 응용 예로서 오륜기를 출력하는 예에 덧붙여서 대륙별 이름을 출력하기 위해서 각 대륙을 상징하는 색이름(circleColors)에 추가하여 각 요소를 [색이름, 대륙명] 리스트로 만들어 정의하고 대륙별 색 지정과 대륙명 출력에 사용하였다. 따라서 startPoints는 튜플을 구성요소로 갖는 복합 리스트이고, circleColors는 리스트를 구성요소로 갖는 복합 리스트라 할 수 있다. 여기서 circleColors[4][0]은 'red', circleColors[4][1]은 '아메리카'가 된다.

그림 11-5는 파이썬 반복문 이중 for를 사용하여 세로로 구구단을 출력한 예를 한 나타낸 것이다. 이중 for는 for 반복문 속 또 다른 for 반복문이 들어가는 것을 말한다. 구구단의 경우 2단부터 9단까지 모두 1~9까지의 계산결과와 식을 반복적으로 출력하기 때문에 바깥쪽 for문의 루프변수 n은 range(2,10)에 의해 2~9까지 변화하고, 안쪽 for문의 루프변수 k는 range(1,10)에 의해 1~9까지 변화하면서 서로의 곱을 구하여 식과 함께 출력한다. 안쪽 루프가 끝나고 나서 바깥쪽 루프변수가 새로운 값으로 변하기 직전에 print()에 의해 공백줄이 나오게 하여 세로로 출력되는 각 단 사이에 한 개의 공백줄이 생기게 한다.

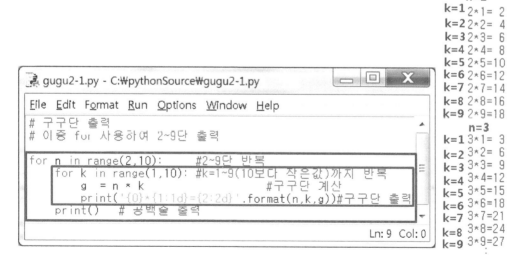

그림 11-5. 세로로 구구단 출력을 위한 이중 for 활용 예

그림 11-6은 파이썬 반복문 이중 for를 사용하여 새 단이 오른쪽에 출력되어 각 단이 서로 구별되는 구구단을 출력한 예를 한 나타낸 것이다. 그림 11-5의 세로로 모두 출력하는 예와 관점을 전환하여 루프변수 k와 n을 바꾸어 생각하여 2단 오른쪽에 3단, 8단 오른쪽에 9단이 나오게 한다는 것이다. 즉 그림 11-6에서는 바깥쪽 루프변수 k를 range(1,10)에 의해 1~9까지 변화하고, 안쪽 for문의 루프변수 n은 range(2,10)에 의해 2~9까지 변화하게 한다. 그 결과 출력되는 첫 번째 줄은 각 단별로 1이 곱해진 결과와 식이 나오고 두 번째 줄은 각 단별로 2가 곱해진 결과가 나오며, 9번째 줄은 9가 곱해진 결과와 식이 나오게 된다. 이 때 구구단 식과 결과가 출력되는 print()함수 속의 end속성을 공백으로 정하여 예를 들어 각 단별로 1이 곱해지는 결과들이 연결되어 한 줄에 나오게 한 다음 변화하면서 서로의 곱을 구하여 식과 함께 출력한다. 안쪽 루프가 끝나고 나서 바깥쪽 루프변수가 새로운 값으로 변하기 직전에 print()에 의해 줄이 바뀌게 한다.

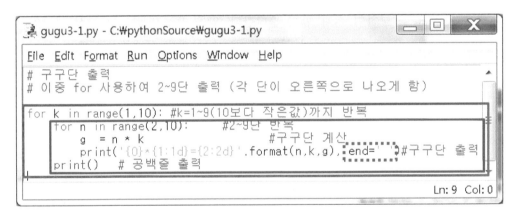

그림 11-6. 단별로 구분되는 구구단 출력을 위한 이중 for 활용 예

11.2 파이썬 반복문 : while

파이썬 반복문 중 while은 가장 일반적이고 기본적인 조건 반복문으로 사용 형식은 그림 11-7과 같다. 만약 조건식이 참이면 블록1을 수행하고 다시 조건식을 수행하여 참이면 다시 반복적으로 블록1을 수행하다가 조건식이 거짓이 되면 else 부분의 블록2를 수행한다. 만약 블록1 속에서 루프를 탈출하는 명령(예를 들면 break)을 만나면 블록2를 수행하지 않고 완전히 while을 탈출한다.

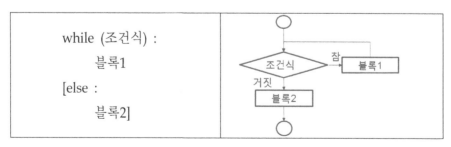

그림 11-7. 조건 반복문 while

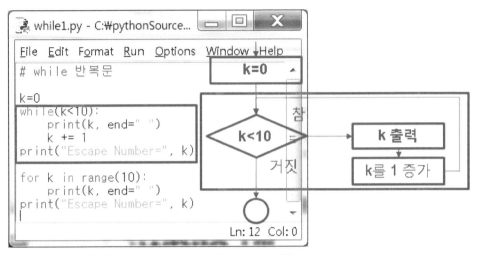

```
# while 반복문

k=0
while(k<10):
    print(k, end=" ")
    k += 1
print("Escape Number=", k)

for k in range(10):
    print(k, end=" ")
print("Escape Number=", k)
```

```
0 1 2 3 4 5 6 7 8 9 Escape Number= 10
0 1 2 3 4 5 6 7 8 9 Escape Number= 9
```

그림 11-8. 조건 반복문 while과 단순 반복문 for의 비교

그림 11-8은 파이썬 조건 반복문 while과 단순 반복문 for문의 사용 예를 나타 낸 것으로 0~9까지 수와 루프를 탈출했을 때 루프변수가 가지고 있는 값을 각각 출력하여 비교되게 한 것이다. 루프 속에서 print()에 의해 출력되는 k는 둘다 0~9까지 출력되지만, while 루프 속의 k는 10이 되면 (k<10) 조건이 거짓이 되어 루프를 탈출하고, for 루프 속의 k는 0에서 10보다 작은 수인 9까지 변하면서 루 프를 수행하므로 루프를 탈출할 때 k는 9가 된다.

그림 11-9는 그림 11-2에서 사용한 파이썬 단순 반복문 for-else 대신에 파이썬 조건 반복문 while-else를 사용하여 좋아하는 애완동물을 찾는 예를 나타낸 것으 로 else 부분은 반복 부분 수행후 마지막에 수행되며, break는 루프를 완전 탈출 하는 명령문으로 while 속에서 break가 수행되면 else 부분도 건너뛴다는 것을 보여준다. petList 속에 애완동물 목록을 보관해두고 "Which pet do you like? " 라는 물음으로 좋아하는 애완동물을 물어볼 때 대답한 애완동물을 petList 속에 서 처음부터 차례로 찾아서 발견하면 그 애완동물이 들어있는 인덱스를 알려주 고, 끝까지 찾지 못하면 else 부분에 나오는 그 동물을 발견하지 못했다는 메시지 를 출력해준다.

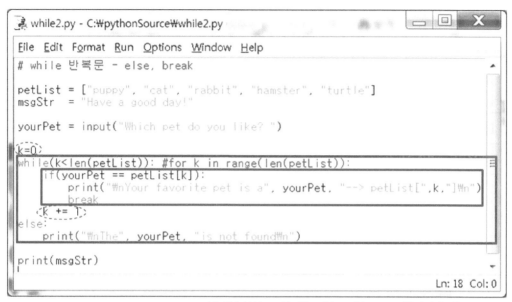

```
while2.py - C:₩pythonSource₩while2.py
File  Edit  Format  Run  Options  Window  Help
# while 반복문 - else, break

petList = ["puppy", "cat", "rabbit", "hamster", "turtle"]
msgStr  = "Have a good day!"

yourPet = input("Which pet do you like? ")

k=0
while(k<len(petList)): #for k in range(len(petList)):
    if(yourPet == petList[k]):
        print("₩nYour favorite pet is a", yourPet, "--> petList[",k,"]₩n")
        break
    k += 1
else:
    print("₩nThe", yourPet, "is not found₩n")

print(msgStr)
                                                              Ln: 18 Col: 0
```

```
==================== RESTART: C:₩pythonSource₩while2.py
Which pet do you like? snake

The snake is not found

Have a good day!
>>>
==================== RESTART: C:₩pythonSource₩while2.py
Which pet do you like? rabbit

Your favorite pet is a rabbit --> petList[ 2 ]

Have a good day!
```

그림 11-9. 조건 반복문 while 사용 예

그림 11-10은 정 n각형을 그리는 그림 8-5를 개선하여 n을 택스트 환경이 아닌 textinput()에 의해 GUI환경 대화상자를 통해 입력받되 조건 반복문인 while을 사용하여 n이 3이상 되도록 변화시킨 것이다. while 문은 먼저 조건식이 수행되므로 (n<3)이 처음에는 참이 되어 루프가 무조건 수행되도록 n=0으로 정해준 것이다.

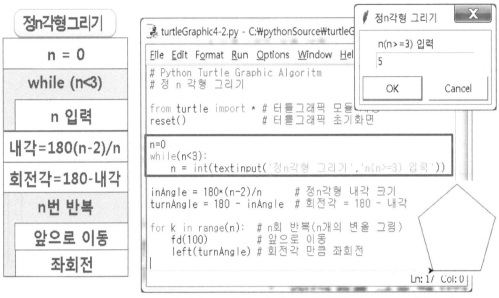

그림 11-10. 정n각형을 그리기 위한 조건 반복문 while 사용 예

그림 10-10, 10-11, 10-12의 경우, 일단 n개의 임의의 숫자를 발생시켜 리스트형의 임의숫자리스트(numList)에 보관하고, 시간 간격을 두고 하나씩 차례로 보여주어 암기하게 한 다음, 보여주었던 n개의 숫자를 하나의 문자열(numStr)로 한꺼번에 입력하게 하고, 일치여부를 판단하여 그 결과에 따라 메시지를 출력하는 것을 나타내는 알고리즘, 입출력 설계에 해당되는 실행결과, 파이썬 프로그램 등을 나타낸 것이다. 이것을 개선하여 처음에 임의의 수(0~9) 하나를 제시하고 바로 알아맞히면 두 번째 임의 수를 제시하고 처음 제시한 수와 함께 두 개를 입력하게하고 다시 알아맞히면 계속 수 하나를 추가하여 매번 처음부터 일정 시간간격으로 반복해서 보여주고 마지막에 새로운 수를 제시하여 처음부터 암기한 수에 새로운 수를 추가한 것을 문자열로 한꺼번에 입력하게 하여 알아맞히면 계속해서 매번 하나씩 암기할 수가 늘어가는 것을 반복하게 되며, 만약 암기한 수가 n회를 초과하거나 어느 순간 하나라도 맞추지 못하면 종료하는 숫자 기억 테스트를 위한 프로그램을 while 응용 예로서 살펴보고자 한다.

그림 11-11은 그림 11-12와 같은 입출력 설계 상황과 연계된 숫자 기억 테스트 알고리즘을 나타낸 것이다.

[출력정보] n개의 임의의 숫자 리스트(numList), 축하메시지
[입력자료] 임의의 수 발생범위(n), 기억한 임의의 수 문자열(numStr)

[알고리즘]

n 입력

numList =[] (리스트 초기화)

equalSw = True (문자열과 리스트 동일(일단 일치하는 것으로)

문자열과 리스트가 동일하고 반복횟수가 n보다 작은 동안 반복

　0~9 사이의 난수 정수(r) 발생

　numList에 발생한 난수정수(r) 추가

> k=0~리스트길이-1까지 (리스트길이)만큼 반복
>
> 　numList[k] 출력
>
> 　시간 지체

　기억한 수를 차례로 문자열(numStr)로 입력

> if(문자열과 리스트의 길이가 다르면)
>
> 　equalSw=False (문자열과 리스트의 동일여부 스위치를 False로 정함)
>
> else
>
> 　equalSw== True (문자열과 리스트의 동일여부 스위치를 True로 정함)
>
> > k=0~n-1까지 n회 반복
> >
> > > if((int(numStr[k]) != numList[k])
> > >
> > > 　equalSw = False
> > >
> > > 　반복 루프 탈출

임의의 숫자 리스트(numList)출력

> if(equalSw)
>
> 　축하메시지 출력

그림 11-11. 숫자 기억 테스트 알고리즘

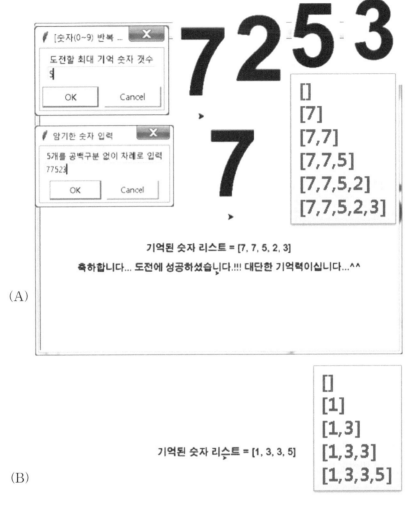

그림 11-12. 숫자 기억 테스트 입출력 설계

그림 11-12는 n개의 임의의 숫자 기억하여 알아맞히기를 수행할 때 '도전할 최대 기억 숫자 개수' 레이블이 나오는 대화상자에서 n(예를 들면 5)을 입력받고 최대로 그 횟수만큼 반복하면서 처음에 임의 숫자 하나를 보여주고 '암기한 숫자 입력' 대화상자에서 바로 그 숫자를 입력하게 하여 맞으면 추가로 새롭게 임의 숫자를 발생시켜 처음의 임의 숫자부터 차례로 일정 시간 간격으로 보여준 다시 암기한 숫자들을 '암기한 숫자 입력' 대화상자에서 문자열 형태 입력하도록 하고

또 맞으면 새롭게 임의 숫자를 발생시켜 처음부터 차례로 보여주고 문자열을 입력하도록 하는 것을 반복 수행하되 만약 암기한 숫자 갯수가 n을 초과하거나 암기한 숫자 중에서 하나라도 틀린 숫자가 발견되면 반복 수행하는 while문을 빠져나와서 기억된 임의 숫자 목록을 암기된 숫자가 보관된 리스트변수로부터 출력해준다. 만약 계속적으로 암기한 숫자를 맞히고 그 암기한 숫자 개수가 n을 초과하여 종료한 경우라면 성공메시지를 추가적으로 출력하는 것을 보여주고 있다.

그림 11-12는 그림 11-11과 같은 숫자 기억 테스트를 위한 알고리즘에 대한 입출력 설계상태에 해당되는 실행결과를 나타낸 것이다. GUI 환경의 파이썬 터틀 그래픽을 사용하므로, 입력 대화상자와 출력메시지까지 모두 그래픽 형태로 나오게 한다. 그림 11-11에서 위쪽 (A)에 나오는 성공 메시지의 경우 입력 문자열과 기억된 숫자 리스트가 모두 일치하여 맞춘 경우가 반복하여 암기한 임의 숫자의 개수가 n을 초과하여 종료하게 되는 상황을 나타내고, 아래쪽 (B)는 암기한 숫자 중 어느 하나라도 불일치한 경우에 나오는 메시지를 나타낸 것이다. 성공하여 종료한 경우나 실패하여 종료한 경우 모두 지금까지 임의 숫자를 발생하여 리스트변수에 보관해놓은 것을 보여주어 성공과 실패를 확인할 수 있게 하였다.

그림 11-13은 그림 11-11과 같은 숫자 기억 테스트 알고리즘과 그림 11-12와 같은 입출력을 기반으로 코딩한 파이썬 프로그램을 나타낸 것이다. 새롭게 추가되는 임의 숫자를 보관하는 임의숫자 리스트(numList), 암기의 성공여부를 알려주는 equalSW 변수, 리스트변수(numList)에 r을 추가하는 numList.append(r)의 기본적인 의미는 그림 10-12에서 사용한 것과 같으며, 그림 11-12는 계속적으로 증가되는 숫자가 보이는 상황에서 매번 현재까지 암기한 것이 맞았는가를 검사하는 부분에 추가되어 있으므로 equalSW 변수가 사용되는 상황이 좀더 많아지고 배치되는 위치가 달라지는 부분이 있는데 이는 프로그램의 특성에 따른 알고리즘 차이에서 기인하는 것이다. while 루프를 반복 수행하는 동안 equalSW 변수가 False이면 암기를 제대로 못한 것이고, True이면 제대로 암기한 것이라는 의미는 동일하다. while 루프 바깥쪽에서 equalSW 변수를 True로 하여 일단 제대로 암기한 것으로 설정한 다음 루프 안쪽에서 암기한 것이 틀린 상황이 발생하면 False로 설정하는 방법을 사용한 것이다.

```
randTurtlegraphic4-1.py - C:\pythonSource\randTurtlegraphic4-1.py          ─ □ X

File  Edit  Format  Run  Options  Window  Help
# Python Turtle Graphic Algoritm
# 숫자 기억 테스트

from turtle import *  # 터틀그래픽 모듈 사용
from random import *  # 랜덤 모듈 사용
import time           # 시간 모듈 사용

reset()                # 터틀그래픽 초기화면
n = int(textinput("[숫자(0-9) 반복 기억 테스트]","도전할 최대 기억 숫자 갯수"))
numList = [] # 임의숫자 기억 리스트 초기화

equalSw = True  #문자열과 리스트의 동일성 여부를 True로(일단 모두 일치하는 것으로 정함)
while(equalSw and len(numList)<n): #문자열과 리스트가 동일하고 반복횟수가 n보다 작을동안
    r = randint(0,9)  # 0~9 까지의 임의의 정수 발생
    numList.append(r) # numList 맨 뒤에 난수 추가
    for k in range(len(numList)): # 리스트 길이만큼 반복
        write(numList[k], align='center', font=('맑은고딕',100,'bold'))
        time.sleep(1) #1초 지체 효과
        clear()        #화면을 지움(이전 숫자의 잔상이 남아있지 않도록)
    # 기억한 수를 차례로 문자열(numStr)로 입력
    dialogMsg= str(len(numList))+"개를 공백구분 없이 차례로 입력"
    numStr = textinput("암기한 숫자 입력", dialogMsg) #문자열(numStr) 입력

    if(len(numStr)!=len(numList)):   #문자열과 리스트의 길이가 다르면
        equalSw = False              #문자열과 리스트의 동일성 여부를 False로
    else:
        for k in range(len(numList)): # 리스트 길이만큼 반복
            if(int(numStr[k]) != numList[k]): #만약 1개 요소라도 틀리면
                equalSw = False               #모두가 일치하지 않은 것으로 정하고
                break                         # 루프를 탈출함
up()
setpos(0,-150)
write("기억된 숫자 리스트 = "+str(numList), align='center', font=('맑은고딕',15,'bold'))
if(equalSw):
    setpos(0,-200)
    successMsg = "축하합니다. 도전에 성공하셨습니다 !!! 대단한 기억력이십니다."
    write(successMsg, align='center', font=('맑은고딕',15,'bold'))
down()
                                                                    Ln: 39  Col: 0
```

그림 11-13. 숫자 기억 테스트 프로그램

그림 11-14는 파이썬 조건 반복문 while문의 응용 예로서 로또 번호 생성하는 알고리즘을 나타낸 것이다. 로또 번호는 숫자 6개의 리스트이므로 임의 숫자를 6개 반복적으로 발생시켜 출력하면 간단할 것 같은데, 만약 6개의 임의 숫자 중에서 중복된 것이 있으면 중복되는 만큼 추가적으로 임의 숫자를 발생시켜야 하는 문제가 발생할 수 있다. 이를 해결하기 위해서 리스트변수를 사용하여 새로운 임의 숫자를 발생하여 리스트변수에 넣을 때 이미 들어가 있는 임의 숫자와 비교하여 중복되면 다시 임의 숫자를 발생시켜 중복되지 않은 임의 숫자를 넣으면 된다.

[출력정보] 로또 번호(6개) 리스트
[입력자료] 없음

[알고리즘]
로또 리스트(lottoList) 초기화
1~45 범위의 난수(r) 발생시킴
로또 리스트(lottoList)에 난수(r) 추가
 	
  로또리스트 길이 < 6 인 동안 반복
    1~45 범위의 난수(r) 발생시킴
 	
      k=0~리스트길이-1까지 (현재 로또리스트의 길이) 만큼 반복
        if(lottoList[k]==r)
          반복루프 탈출
    else
        로또리스트에 난수(r) 추가

로또리스트 오름차순으로 정렬 로또리스트 출력

그림 11-14. 로또 번호 생성 알고리즘

```
# 로또 번호 생성

from random import *

lottoList=[] #로또 리스트(lottoList) 초기화
r = randint(1,45) # 1~45 사이의 임의의 수 발생
lottoList.append(r) #로또 리스트에 난수(r) 추가

while(len(lottoList)<6):
    r = randint(1,45) # 1~45 사이의 임의의 수 발생
    for k in range(len(lottoList)):
        if(lottoList[k] == r): break #for루프 탈출
    else:
        lottoList.append(r)
lottoList.sort() #로또 리스트 오름차순 정렬
print("로또 번호 =", lottoList)
```

로또 번호 = [1, 4, 23, 27, 34, 42]

그림 11-15. 로또 번호 생성 프로그램

그림 11-15는 그림 11-14와 같은 숫자 기억 테스트 알고리즘을 기반으로 코딩한 파이썬 프로그램과 실행결과로 표시되는 로또 번호 리스트의 한 예를 나타낸 것이다. lottoList = []은 로또 번호를 보관하는 로또 번호 리스트변수(lottoList)를 만들되 내용은 아직 없게 초기화시키는 명령문이고 lottoList.append(r)는 리스트 변수(lottoList)에 r을 추가하는 것이다. lottoList.sort()는 로또 번호 리스트변수 (lottoList)에 보관된 6개의 로또 번호를 오름차순(작은 것에서 큰 것순)으로 정렬 해주는 메서드이다.

연습문제 11

[기초문제]

※ 다음 글을 읽고 빈 칸에 가장 알맞은 말을 넣으시오.

1. (   )가 가장 널리 사용하는 단순 반복문으로서 시퀀스형데이터 객체의 각 요소가 차례로 변수에 전달되어 그 객체 크기 만큼 반복 수행하는 명령문이라면 (   )은 가장 일반적이고 기본적인 조건 반복문으로서 조건식이 (   )인 동안 내포되는 명령문을 반복수행하는 명령문이다.

2. for나 while 반복명령문의 else부분은 반복 부분 수행후 (   )에 수행되는 곳이다. 만약 반복문 안에서 (   )를 만나면 이 else 부분도 건너뛰어 루프를 완전 탈출한다.

3. 리스트에 구성요소를 추가하려면 (   )를 사용하고, 구성요소들을 정렬하려면 (   )을 사용하면 된다.

4. 파이썬 터틀 그래픽에서 대화상자를 통해 문자열을 입력받거나 엔터키를 입력할 때까지 기다리는 역할을 하는 함수는 (   )이고, 터틀 스크린에 문자열을 출력하는 함수는 (   )이다.

5. range(n)은 0, 1, 2, ... (   )까지 n개의 값을 의미하므로, range(5)는 0~4까지 5개 , range(n)은 range(0,n,1)과 같으므로 range(1,10)은 1~9까지 9개, range(1,10,2)는 1에서 시작하여 (   )보다 작은 숫자(9)까지 2씩 증가하므로 1,3,5,7,9까지 5개가 된다.

6. while 문은 먼저 (   )이 수행되고 이 식이 참(True)인 동안 블록 속의 명령을 수행하므로 루프가 반복되다가 어느 시점에서 탈출하려면 조건문이 거짓(False)이 되는 변화가 이루어져야 한다.

[심화문제]

1. 빈 칸을 채워서 커지는 n개의 90도 꺾은선 그리기 프로그램을 완성하시오. 단 k=1, ..., k=5의 경우 실재로 출력되는 것이 아니고 k의 변화를 통해 이해를 돕기 위해 표시한 것이다.

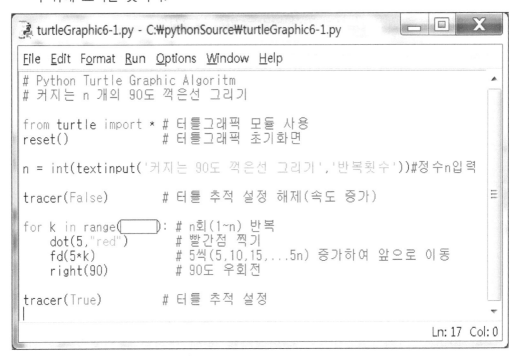

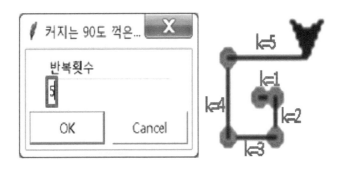

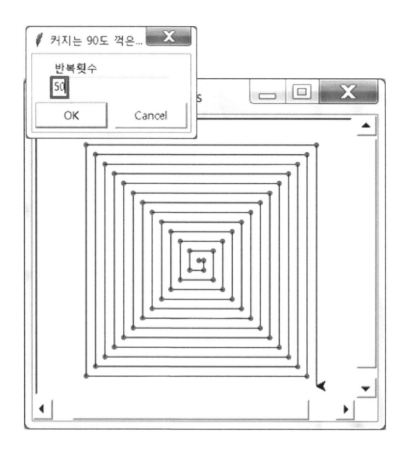

2. 빈 칸을 채워서 오륜기 출력을 위한 프로그램을 완성하시오.

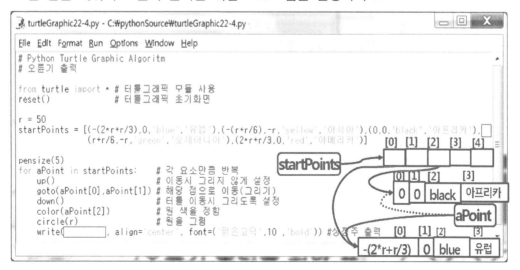

```
# Python Turtle Graphic Algoritm
# 오륜기 출력

from turtle import *   # 터틀그래픽 모듈 사용
reset()                # 터틀그래픽 초기화면

r = 50
startPoints = [(-(2*r+r/3),0,'blue','유럽'),(-(r+r/6),-r,'yellow','아시아'),(0,0,'black','아프리카'),
              (r+r/6,-r,'green','오세아니아'),(2*r+r/3,0,'red','아메리카')]

pensize(5)
for aPoint in startPoints:       # 각 요소만큼 반복
    up()                         # 이동시 그리지 않게 설정
    goto(aPoint[0],aPoint[1])    # 해당 점으로 이동(그리기)
    down()                       # 터틀 이동시 그리도록 설정
    color(aPoint[2])             # 원 색을 정함
    circle(r)                    # 원을 그림
    write(          , align='center', font=('맑은고딕',10 ,'bold')) #상징주 출력
```

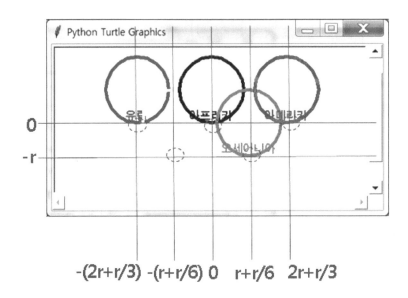

O

-r

-(2r+r/3) -(r+r/6) 0   r+r/6 2r+r/3

3. 빈 칸을 채워서 이중 for 문 사용하여 각 단 제목과 함께 각 단이 아래로 반복
   출력되는 구구단 프로그램을 완성하시오.

```
# 구구단 출력
# 이중 for 사용하여 2~9단 출력

for n in range(2,10):         #2~9단 반복
    print(           )            # 단 제목 출력
    for k in range(1,10):     #k=1~9(10보다 작은값)까지 반복
        g = n * k                      #구구단 계산
        print('{0}*{1:1d}={2:2d}'.format(n,k,g))#구구단 출력
    print()   # 공백줄 출력
```

Ln: 10 Col: 0

2 단
2*1= 2
2*2= 4
2*3= 6
2*4= 8
2*5=10
2*6=12
2*7=14
2*8=16
2*9=18

3 단
3*1= 3
3*2= 6
3*3= 9
3*4=12
3*5=15
3*6=18
3*7=21
3*8=24
3*9=27
:

4. 빈 칸을 채워서 이중 for 문 사용하여 각 단 제목과 함께 각 단이 오른쪽으로
반복 출력되는 구구단 프로그램을 완성하시오.

```
# 구구단 출력
# 이중 for 사용하여 2~9단 출력 (각 단이 오른쪽으로 나오게 함)

for n in range(____):print(n, '단', end=3*' ')   #2~9단 제목 출력
____
for k in range(1,10): #k=1~9(10보다 작은값)까지 반복
    for n in range(2,10):      #2~9단 반복
        g = n * k                    #구구단 계산
        print('{0}*{1:1d}={2:2d}'.format(n,k,g), end=' ')#구구단 출력
    print()   # 공백줄 출력
```

```
2 단     3 단     4 단     5 단     6 단     7 단     8 단     9 단
2*1= 2  3*1= 3  4*1= 4  5*1= 5  6*1= 6  7*1= 7  8*1= 8  9*1= 9
2*2= 4  3*2= 6  4*2= 8  5*2=10  6*2=12  7*2=14  8*2=16  9*2=18
2*3= 6  3*3= 9  4*3=12  5*3=15  6*3=18  7*3=21  8*3=24  9*3=27
2*4= 8  3*4=12  4*4=16  5*4=20  6*4=24  7*4=28  8*4=32  9*4=36
2*5=10  3*5=15  4*5=20  5*5=25  6*5=30  7*5=35  8*5=40  9*5=45
2*6=12  3*6=18  4*6=24  5*6=30  6*6=36  7*6=42  8*6=48  9*6=54
2*7=14  3*7=21  4*7=28  5*7=35  6*7=42  7*7=49  8*7=56  9*7=63
2*8=16  3*8=24  4*8=32  5*8=40  6*8=48  7*8=56  8*8=64  9*8=72
2*9=18  3*9=27  4*9=36  5*9=45  6*9=54  7*9=63  8*9=72  9*9=81
```

제12장
파이썬 함수

특히 서양에서 중시한 과학(science)은 우주에 존재하는 물체에 따르는 현상의 원인은 그 물체의 내부에 존재하므로 그 물체를 분리하거나(separate) 나누어서 (divide) 그 내부를 분석해야(analysis) 제대로 그 물체를 알 수 있다는 철학적인 기반 하에 발전한 학문이다. 이러한 과학적 사고에 기반을 두고 어떤 문제를 분석하면 그 문제를 구성하는 기본 단위의 기능을 파악할 수 있고 이러한 기능들을 잘 구성하면 전체 문제를 효율적으로 해결할 수 있다. 파이썬 함수는 특정 기본 단위의 기능을 수행하는 파이썬 명령문들을 미리 정의해놓은 다음, 필요 시점에 호출하여 그 기능을 수행할 수 있게 만든 것을 말한다. 파이썬 함수에는 사용자가 직접 정의하여 사용하는 사용자 정의함수(def, lambda), 미리 그 기능을 만들어 내장시켜두고 필요에 따라 사용할 수 있게 한 내장함수, 여러 함수와 변수를 정의해놓은 것을 꾸러미로 파일 형태로 저장해두고 필요에 따라 가져와서 (import) 사용하는 모듈함수 등이 있다. 파이썬 사용자 정의함수를 개발하는 원리는 나누어서 정복하는(divide & conquer) 전략으로 전체 문제를 특정 기능을 수행하는 함수로 나누고 각 함수를 개발한 다음 전체를 구성하게 하는 것이다.

사용자 정의 함수	def
내장 함수	lambda
모듈 함수	

$$f(x, y) = x * y$$

$$\xrightarrow[2,3]{x,y} \quad f \quad \xrightarrow[6]{f(x,y)}$$

12.1 파이썬 함수 개요

$$f(x, y) = x * y$$

$$\xrightarrow[2,3]{x,y} \quad f \quad \xrightarrow[6]{f(x,y)}$$

```
def f(x,y):
    return x*y

print(f(2,3))
```

파이썬 함수는 특정 기능을 수행하는 명령코드를 인수와 함께 하나의 이름으로 정의해놓고, 필요에 따라 호출하여 사용할 수 있게 한 것으로 하나의 함수명으로 명령코드를 묶는 단위로서 역할을 한다. 그림 12-1은 이러한 파이썬 함수의 개념을 쉽게 파악할 수 있도록 도움을 주기 위한 것이다.

파이썬 함수 종류에는 크게 사용자 정의 함수, 내장 함수, 모듈 함수 등이 있다. 사용자 정의 함수는 사용자가 직접 정의하여 사용하는 함수로서 def는 일반적인 사용자 함수를 정의하는 명령문이고, lambda는 한 줄로 구성된 명령문으로 함수를 정의하는 명령문이다.

내장 함수는 파이썬에 기본적으로 내장되어 있는 함수를 말하고, 모듈 함수는 모듈에 정의되어 있는 함수를 말한다.

파이썬 사용자 정의 함수를 새롭게 정의할 때는 그림 12-2와 같이 먼저 함수명과 가인수를 정하여 기술한다. 함수명은 함수를 대표하는 이름으로 함수를 구분하고 가인수는 함수 정의할 때 사용하는 매개변수를 말하며 함수 내부에서는 데이터가 변수를 통해 입력되는 통로로 사용되기 때문에 대부분 변수로 구성하는 것이 기본이다. 가인수가 없을 수도 있는데 이는 함수 내부로 입력되는 것이 필요 없는 경우에 해당된다.

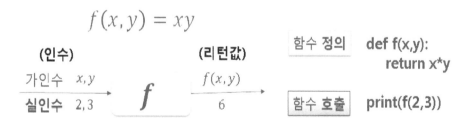

그림 12-1. 파이썬 함수 정의 및 호출 개념

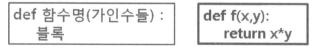

그림 12-2. 파이썬 함수 정의 형식 및 정의 예

함수명과 가인수가 기술되고 콜론(:)으로 구분한 다음 줄에 실제 함수에서 수행할 명령문들이 나오고 0 또는 1개의 리턴(return) 항목이 나오도록 명령코드를 구성하는데 만약 리턴 항목이 0이라면 함수를 수행한 결과로 함수 외부로 반환할 것이 없다는 것을 의미한다. 만약 1개의 리턴 항목이 있다면 return 문에 리턴 항목을 정의한다. return문의 리턴 항목은 1개이지만 리스트, 튜플과 같은 복합구조도 사용 가능하므로 논리적으로는 1개이지만 실제로는 여러 구성요소의 반환이 가능하다.

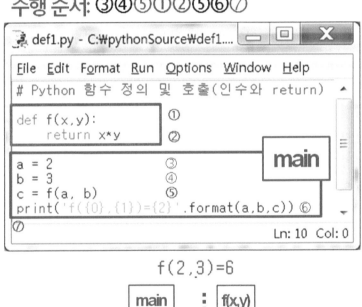

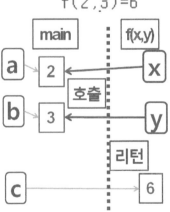

그림 12-3. 파이썬 함수 정의 및 호출시 인수의 공유 개념

미리 정의된 파이썬 사용자 정의 함수를 사용하려면 그 함수를 호출하면 된다. 특정 함수를 호출하려면 '함수명(실인수들)'과 같이 그 함수명과 실인수를 통해서 그림 12-1의 함수 호출과 같이 호출하면 된다. 여기서 f는 함수명이고 2와 3은 실인수에 해당된다. 실인수는 함수를 호출할 때 함수명과 함께 사용하는 것으로써 상수, 변수, 연산식 형태의 인수를 말한다.

파이썬 함수를 호출하면 제어가 함수의 명령코드로 옮겨지고 return을 만나거나 더 이상 수행할 명령코드가 없으면 호출한 곳의 바로 다음으로 제어가 옮겨진다. 파이썬은 함수를 호출할 때 인수의 공유에 의한 호출이므로 호출하는 인수를 갖는 주(main)부와 호출당하는 함수부의 인수가 서로 메모리를 공유하게 된다. 그림 12-3은 파이썬 함수를 호출할 때 인수가 공유되고 함수에서 return문이 사용되는 예와 그 실행 결과를 나타낸 것이다. 가인수 x, y가 실인수 a, b가 서로 대응되면서 메모리를 공유하므로 x와 a, 그리고 y와 b가 같은 주소를 가리키게 된다. 그리고 주(main)부에서 사용한 c는 함수에서 x*y한 결과인 6이 보관된 주소를 가리키게 된다.

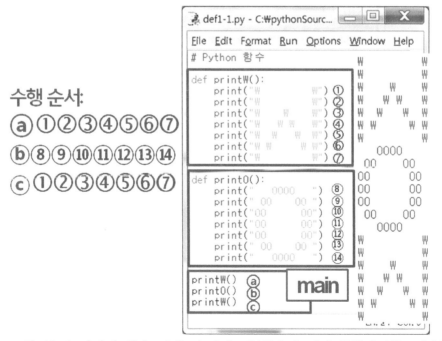

그림 12-4. 파이썬 함수 정의 및 호출 예(인수와 리턴 항목이 없는 경우)

그림 12-4는 파이썬 함수 정의 및 호출 예로서 인수와 return이 없는 예를 나타낸 것이다. 수행 순서를 보면 함수를 호출하면 제어가 함수로 넘어갔다가 더 이상 수행할 명령이 없으면 호출한 그 다음 명령으로 제어가 옮겨진다.

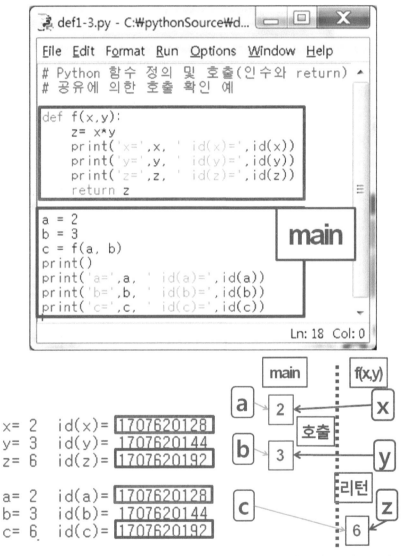

그림 12-5. 파이썬 함수 정의 및 호출 예(인수의 공유 관계)

그림 12-5는 파이썬 함수 사용 예로서 인수의 공유에 의한 호출이 어떻게 이루어지고 있는지를 알 수 있도록 한 것이다. x와 y가 가인수이고 a와 b가 실인수인데 가인수와 실인수가 메모리를 공유하는지를 알아보기 위해 id()함수를 통해 주소를 출력한 결과 x와 a, y와 b의 주소가 동일한 것을 확인할 수 있다. 또한 주(main)부의 c와 함수에서 사용한 z도 주소가 서로 일치함을 알 수 있다.

그림 12-6은 파이썬 함수의 가인수의 경우에 호출당할 때 동적으로 가인수의 자료형이 결정된다는 것을 나타내는 것이다. 처음에 실인수 2와 3으로 호출하면 정수형으로 취급하여 정수형 결과 6을 반환하고, 두 번째로 실인수 112와 0.3으로 호출하면 정수와 실수가 혼합되어 계산 결과가 메모리 크기가 큰 실수형으로 되어 33.6을 반환한다. 그리고 세 번째로 실인수 3과 'Fighting!'으로 호출하면 정수와 문자열이 3*'Fighting!' 형태가 되어 'Fighting!'을 3번 반복하는 결과를 반환한다. 또한 네 번째로 실인수 [1,2,3]과 2로 호출하면 리스트와 정수를 곱하는 형태가 되어 리스트를 2번 반복한 결과를 반환한다.

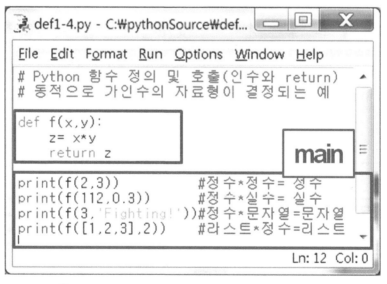

그림 12-6. 파이썬 함수 정의 및 호출 예(동적 자료형 결정)

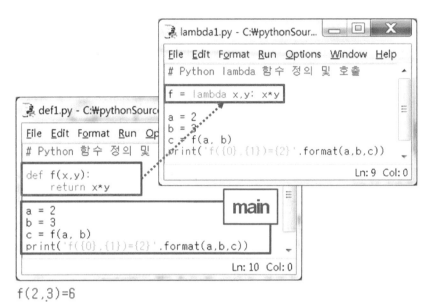

그림 12-7. 파이썬 lambda 함수 정의 및 호출 예

그림 12-8. 파이썬 lambda 함수 정의 및 호출 예(동적 자료형 결정)

그림 12-7은 파이썬 lambda 함수 정의 및 호출 예로서 그림 12-3의 def에 의한 함수 정의 및 호출 예를 그대로 정의 부분만 바꾸어 구현한 예를 나타낸 것이다. 그림 12-7과 12-3은 함수 정의 부분만 다르고 나머지는 동일한 결과를 보인다. 그림 12-8도 그림 12-6과 함수 정의 부분만 다르고 나머지는 동일한 결과를 보이는데 그림 12-7과 12-8은 한 줄 명령 함수인 lambda를 사용한 예이다.

파이썬 내장 함수는 파이썬에 기본으로 내장된 함수로서 기본적인 자료형으로 변환시켜주는 역할을 하는 bool(), int(), float(), str(), list(), tuple()과 이전에 배웠던 input(), range(), len(), open(), id(), type() 등이 있다.

추가적으로 자주 사용하는 내장함수를 살펴보면 다음과 같다.

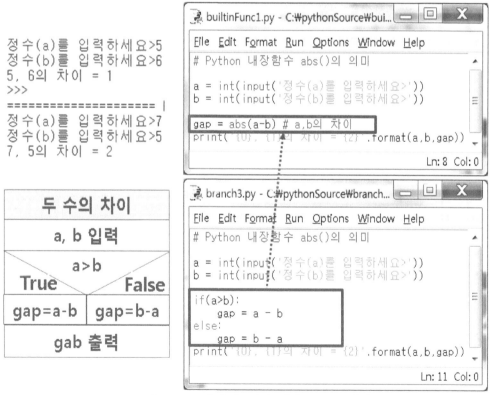

그림 12-9. 파이썬 내장 함수 abs() 사용 예

abs(x)➔ x의 절대값

hex(d)➔ d의 16진수 문자열 '0x'

oct(d)➔ d의 8진수 문자열 '0o'

bin(d)➔ d의 2진수 문자열 '0b'

enumerate(seq)➔ 인덱스와 시퀀스자료 열거

divmod(피젯수,젯수)➔ 몫과 나머지 (몫, 나머지)

chr(d)➔d의 아스키값에 해당되는 문자

ord(문자)➔ 문자에 해당되는 아스키코드값

그림 12-9는 파이썬 내장 함수 abs()는 절대값을 알려주는 함수인데 두 수(a, b)의 차이를 구하는 프로그램에 사용한 예를 나타낸 것이다. 두 수의 차이를 abs(a-b)로 사용하여 조건문 없이 비교적 단순하게 표현한 것을 보여준다.

그림 12-10. 유용한 파이썬 내장 함수 사용 예

그림 12-10은 그밖의 유용한 파이썬 내장 함수 사용 예를 나타낸 것이다. hex(d), oct(d), bin(d) 함수는 10진수 d를 각각 16진수, 8진수, 2진수 변환시켜주는 역할을 한다. chr(d)는 d를 아스키코드값(65)으로 보았을 때 해당되는 문자(A)로 변환시켜주는 역할을 한다. ord('A')는 chr(d)와 반대로 'A' 문자의 아스키코드값(65)을 반환시켜주는 역할을 한다. divmod(d, 10)은 d를 10으로 나눈 몫과 나머지를 한 쌍의 튜플형으로 반환시켜주는 역할을 한다.

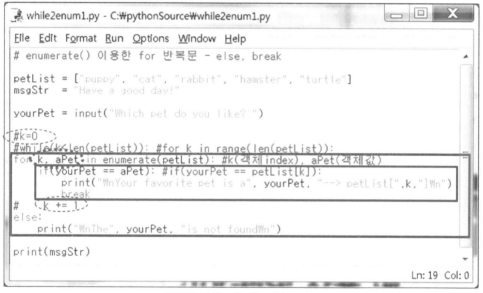

```
# enumerate() 이용한 for 반복문 - else, break

petList = ["puppy", "cat", "rabbit", "hamster", "turtle"]
msgStr  = "Have a good day!"

yourPet = input("Which pet do you like? ")

#k=0
#while(k<len(petList)): #for k in range(len(petList)):
for k, aPet in enumerate(petList): #k(객체index), aPet(객체값)
    if(yourPet == aPet): #if(yourPet == petList[k]):
        print("\nYour favorite pet is a", yourPet, "--> petList[",k,"]\n")
        break
#   k += 1
else:
    print("\nThe", yourPet, "is not found\n")

print(msgStr)
```

```
================== RESTART: C:\pythonSource\while2enum1.py
Which pet do you like? snake

The snake is not found

Have a good day!
>>>
==================== RESTART: C:\pythonSource\while2.py =
Which pet do you like? rabiit

The rabiit is not found

Have a good day!
```

그림 12-11. enumerate()함수를 이용한 애완동물 찾기 프로그램

그림 12-11은 enumerate(petList) 함수가 인덱스와 그 안의 내용을 쌍으로 반복해서 [[0, "puppy"], [1, "cat"], ... , [4,"turtle"]] 과 같이 되는 기능을 수행하므로 이것을 이용하여 for를 이용한 그림 11-2와 while을 이용한 그림 11-9를 개선한 것을 나타낸 것이다.

그림 11-2에서 for k in range(len(petLIst)):나 while(k<len(petLIst)):과 같이 길이만큼 반복하는 것을 나타내고 따로 인덱스 k를 통한 인덱스로 동물을 가리키는 불편함을 제거하고 인덱스 k와 그 인덱스에 들어있는 동물 aPet을 동시에 획득하게 하여 보다 간편하게 표현한 것이다.

for 문 끝에 나오는 else 부분은 반복 부분 수행후 마지막에 수행되는 부분이며, break는 루프를 완전 탈출(else부분도 건너뜀)하는 명령이다.

파이썬 모듈 함수는 모듈에 정의되어 미리 구현되어 있는 함수이며, 모듈은 함수와 변수를 정의해놓고 사용할 수 있게 한 파일로서 우리가 이미 사용해보았던 터틀(turtle) 그래픽, 랜덤(random) 숫자 발생 등과 같은 것에 해당된다. 모듈에 클래스를 정의하여 사용할 수 있는데 이 경우에도 클래스의 메서드는 함수에 해당되고, 클래스의 속성은 변수에 해당되므로, 모두 모듈에 함수와 변수를 정의해놓고 사용하는 것은 같은 것으로 볼 수 있다.

모듈에 정의된 함수와 변수를 사용하기 위해서는 'import 모듈명'과 같이하여 모듈 파일에 정의된 것을 미리 불러와야 한다. 이 경우에는 함수 호출시 '모듈명.정의된함수(실인수들)'과 같이 반드시 함수명 앞에 모듈명을 기술해야 한다. 예를 들어 터틀 그래픽을 사용하고자 하면 'import turtle'을 수행하게 한 다음, turtle.reset(), turtle.forward(100), turtle.left(90), turtle.circle(50) 등과 같이 함수를 호출해야 한다. 그런데 'from 모듈명 import *'과 같이 한 경우에는 함수 호출시 '정의된함수(실인수들)'과 같이 모듈명을 기술하지 않아도 된다. 예를 들어, 지금까지 우리가 사용해왔던 것처럼 'from turtle import *'과 같이 하면 모듈명 turtle을 앞에 붙이지 않고 바로 reset(), forward(100), left(90), circle(50) 등과 같이 함수명만 기술하면 된다.

12.2 파이썬 사용자 정의 함수 개발

파이썬 프로그램을 개발하는데 있어서 비교적 규모가 큰 문제의 경우 문제 분석을 통해서 나누어서 정복하는(divide & conquer) 전략으로 전체 문제를 특정 기능을 수행하는 함수로 나누고 각 함수를 개발한 다음 전체를 구성하게 하는 것이다. 좀 과장되게 표현한 예를 들자면 코끼리 5마리를 자동차에 넣는 문제가 있다고 할 때 한 마리는 앞 트렁크 위에 묶어서, 또 한 마리는 뒷 트렁크 속에, 또한 마리는 앞 조수석에 나머지 2마리는 뒷좌석에 넣는 4가지의 기능을 갖는 문제로 나누어서 각각의 방법을 생각하여 만들어 내는 것과 같다. 이러한 전략은 한 사람이 코끼리 5마리를 자동차에 넣는 문제로 생각하고 해결방법을 찾는 시간과 노력에 비해 네 사람이 각각 비교적 작은 문제로 생각하고 해결방법을 찾는 시간과 노력이 훨씬 효율적인 것으로 판단할 수 있다. 설사 한 사람이 수행한다고 해도 나누어서 정복하는 전략이 훨씬 효율적이다. 따라서 규모가 큰 파이썬 프로그램은 전체를 하나의 단위로 생각하기보다는 기본적이고 필수적인 기능으로 분해하고 각 기능을 각각의 함수로 개발하고 전체를 구성하는 구성요소로 역할을 할 수 있게 구성하는 전략을 사용하는 것이 효율적이다.

그리고 기본 단위의 파이썬 사용자 정의 함수를 개발하고자 할 때 함수를 조그마한 프로그램이라고 생각하면 일반 프로그램을 개발하는 것과 유사하게 생각할 수 있다. 따라서 함수 개발 과정도 프로그램 개발 과정과 유사하게 작성할 수 있다. 그러므로 함수를 개발할 때 먼저 어떤 기능을 수행하는지 명확히 설정하고, 최종 반환해야 할 목표 항목(출력정보)을 설정하고 그 목표 항목을 위해 필요한 항목(입력자료)은 무엇인지 추출한 다음에 필요 항목(입력자료)을 어떻게 목표 항목(출력정보)으로 바꾸어나가는지에 대한 알고리즘과 제약사항을 준비한다. 여기서 필요 항목(입력자료)은 가인수로, 목표항목은 리턴(return) 항목으로 정하고 제약사항을 참고하여 정의하되 가인수의 자료형이 실행시 결정된다는 것을 고려한다. 함수의 크기는 가능한 한 번에 볼 수 있는 한 페이지 이내로 하는 것이 좋다.

함수를 정의할 때 유의사항 중에서 명심할 사항은 '함수의 독립성을 높여라'는 것이다. 이는 가능한 논리적으로 단 하나의 기능만을 수행하는 단순한 형태로 만들어 하나의 함수는 하나의 결과만을 반환하는 형태로 정의하라는 것이다. 즉 응집도를 높이고 결합도를 낮추라는 것을 의미하기도 한다. 응집도를 높여라는 것은 가능한 하나의 기능만을 수행하도록 만들어라는 뜻으로 함수의 응집도가 높아져야 다른 쪽에 영향을 미치는 부작용을 없앨 수 있다. 예를 들면 하나의 함수 내에 더하기와 곱하기를 구하라고 하면 응집도가 낮아지므로 더하기 하는 것과 곱하기 하는 것을 구분하여 따로 하나의 기능을 수행하는 형태로 만들어야 응집도가 높아진다는 것이다. 응집도가 높아야 함수의 독립성이 높아져서 재사용성도 높아진다. 결합도는 하나의 함수가 다른 함수와 아주 밀접하게 연결되거나, 공동으로 변수를 통해 기억공간을 공유하거나, 특정 인수에 따라 반환되는 값이 달라지는 것을 나타내는 것으로 결합도가 높으면 다른 함수에 영향을 주는 부작용이 발생하기 쉬우므로 가능한 결합도가 낮은 형태로 함수를 만들어야 함수의 독립성을 높아지고 재사용성도 높아지게 된다.

그림 12-12는 원의 면적을 구하는 간단한 파이썬 함수를 만들어 사용한 예를 나타낸 것이다. 원 면적 구하는 함수를 개발하는 과정도 간단한 프로그램 개발하는 과정과 유사하게 먼저 출력 정보에 해당되는 리턴 항목이 무엇인지, 그리고 출력 정보(리턴 항목)를 위해 필요한 입력 자료에 해당되는 가인수가 무엇인지, 그리고 출력 정보(리턴 항목)와 입력 자료(가인수)와의 관계나 절차가 어떻게 되는지를 다음과 같이 파악한다.

- 출력 정보(리턴 항목) : 원의 면적(area)
- 입력 자료(가인수) : 반지름(r)
- 출력 정보(리턴 항목)와 입력 자료(가인수)와의 관계: area = πr^2
- import math : π ==> math.pi (π 값으로 math 모듈의 pi 변수를 사용)

그림 12-12는 원 면적 구하는 함수를 areaCircle이라는 이름으로 r(반지름)을 가인수로 정의하고 area(원 면적)를 리턴 항목으로 구현하면서 area = math.pi*r*r에 의해 구할 수 있게 하였다. math.pi는 math 모듈에 정의된 변수이며 무리수 π값에 해당되는 것을 한계를 두어 설정한 것으로 단순히 3.14라는 근사값보다 더 정확하게 하기 위해서 사용한다. r^2 대신 r*r로 코딩한 것은 지수승보다는 곱하기가 내부적으로 조금이라도 더 빠르게 수행되기 때문이다.

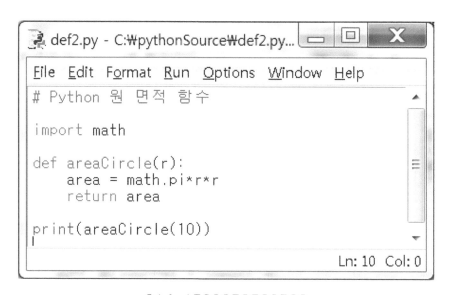

```
def2.py - C:\pythonSource\def2.py...

File  Edit  Format  Run  Options  Window  Help
# Python 원 면적 함수

import math

def areaCircle(r):
    area = math.pi*r*r
    return area

print(areaCircle(10))

                                          Ln: 10  Col: 0
```

314.1592653589793

그림 12-12. 원 면적을 구하는 간단한 파이썬 함수 사용 예

그림 12-13은 임의의 위치에 원을 그리는 파이썬 함수를 만들어 사용한 예를 나타낸 것이다. 원을 그리는 함수 drawCircle을 만들기 위해 다음과 같이 분석하고 그 결과를 바탕으로 코딩을 한다.

- 출력 정보(리턴 항목) : (x,y)에 반지름 r인 원이 출력되며, 반환 항목(리턴 항목)은 없으므로 return을 사용하지 않음
- 입력자료(가인수) : 출력좌표 (x,y), 반지름(r)
- 출력 정보(리턴 항목)와 입력 자료(가인수)와의 관계: 그리지 않고 가인수의 출력 좌표 (x,y)로 이동한 다음 그리기 모드에서 반지름 r인 원을 그림

'import turtle'로 turtle 모듈을 불러왔기 때문에 그 속의 함수를 코딩하여 사용할 때는 앞에 반드시 turtle을 붙여야 한다. 원의 아래 중앙 좌표가 (0,0)이고 반지름 100 인 원, (-70,-30)이고 반지름 80인 원, (70,-30)이고 반지름 80인 원 등 모두 3개의 원이 그려진다.

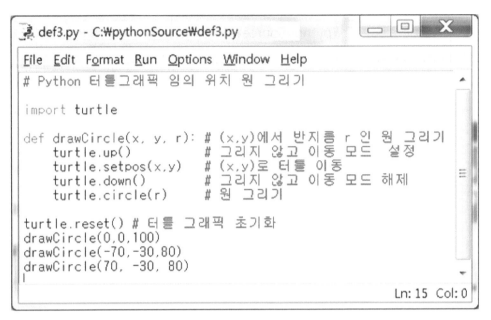

```
def3.py - C:\pythonSource\def3.py

File Edit Format Run Options Window Help

# Python 터틀그래픽 임의 위치 원 그리기

import turtle

def drawCircle(x, y, r): # (x,y)에서 반지름 r 인 원 그리기
    turtle.up()            # 그리지 않고 이동 모드 설정
    turtle.setpos(x,y)     # (x,y)로 터틀 이동
    turtle.down()          # 그리지 않고 이동 모드 해제
    turtle.circle(r)       # 원 그리기

turtle.reset() # 터틀 그래픽 초기화
drawCircle(0,0,100)
drawCircle(-70,-30,80)
drawCircle(70, -30, 80)

                                                    Ln: 15 Col: 0
```

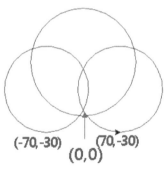

(-70,-30) (70,-30)
(0,0)

그림 12-13. 임의의 위치에 원 그리기 파이썬 함수 사용 예

파이썬 사용자 정의 함수 개발의 중요한 개발 원리로 나누어서 정복하는 Divide & Conquer가 있다. 이는 큰 문제를 작은 단위 문제로 분할하여 해결하는 것으로 가장 작은 단위의 문제를 해결하기 위한 함수로 구현하고 이를 기반으로 전체를 구성하게 하는 것이다. 큰 문제를 한 번에 전체 해결책을 구하는 것이 아니라, 한 번에 하나씩 해결할 수 있게 해주므로 시간과 노력을 절약할 수 있다.

그림 12-14는 나누어서 정복하는 원리를 사용하여 'WOW'를 출력하는 문제를 'W'와 'O'를 출력하는 작은 문제로 분할하고 각각 printW(), pringO() 함수로 구현하여 이들을 통해 전체를 구성하는 형태로 개발한 것을 나타낸 것이다.

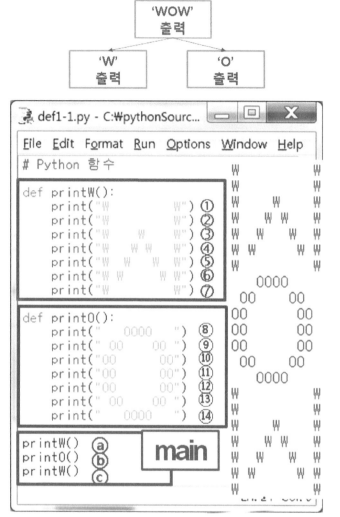

그림 12-14. 'WOW' 문자열을 출력하는 파이썬 함수 사용 예

그림 12-14의 윗부분에 구조도를 통해 주(main)부와 각 함수들의 구성관계를 나타내고 일단 'W' 문자열과 'O' 문자열을 출력하는 기능을 printW(), pringO() 함수를 통해 구현하고 주(main)부에서 ⓐ, ⓑ, ⓒ와 같이 각 함수를 호출하여 'WOW' 문자열이 출력되게 한다.

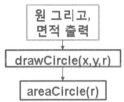

그림 12-15. 임의의 위치에 원을 그리고 면적을 출력하는 파이썬 함수 사용 예

그림 12-15는 임의 위치에 반지름 r인 원을 그리고 그 면적을 출력하는 함수를 만들어 사용한 예를 나타낸 것이다. 다음과 같은 분석을 바탕으로 그림 12-15의 윗부분에 나오는 구조도를 통해 '원 그리고 면적 출력'은 drawCirle(x,y,r)을 호출하고 drawCirle(x,y,r)은 areaCircle(r)을 호출하는 주(main)부와 각 함수들의 계층적인 구성관계를 알 수 있으므로, 이를 바탕으로 원을 그리는 함수 drawCircle와 그 속에서 원의 면적을 구하는 함수 areaCircle을 만든다.

- 출력 정보(리턴 항목) : ① 임의 위치(x,y)에 반지름 r인 원(반환 항목(리턴 항목)은 없으므로 return을 사용하지 않음) ② 원 면적(area)
- 입력자료(가인수) : 임의 위치(x,y), 반지름(r)
- 나누어서 정복(Divide & Conquer) : 그림 12-15의 윗 부분에 구조도 참조
  ① 임의 위치(x,y)에 반지름(r)인 원 그리는 함수인 그림 12-15의 drawCircle (x, y, r)은 그림 12-13의 drawCircle (x, y, r)의 마지막 부분에 원 면적을 구하는 함수 areaCircle(r)을 호출하여 원 면적을 구하고 출력하는 부분이 추가된 것임
  ② 원 면적 구하는 함수인 그림 12-15의 areaCircle(r)은 그림 12-12의 areaCircle(r)와 동일함
- 알고리즘 : 반지름(r)을 입력받고, 임의 위치(x,y)를 난수로 발생시킨 다음, 임의 위치 (x,y)에 반지름(r)인 원을 그리고 면적을 출력하는 함수인 drawCircle (x, y, r)을 호출

그림 12-15의 아래쪽의 실행결과는 반지름이 50인 경우와 100인 경우의 원을 그리고 그 원의 면적이 출력된 것을 보여준다.

연습문제 12

[기초문제]

※ 다음 글을 읽고 빈 칸에 가장 알맞은 말을 넣으시오.

1. (   )란 특정 기능을 수행하는 명령코드를 하나의 이름으로 정의해놓고, 필요에 따라 호출하여 사용할 수 있게 한 것으로 Python에는 (   ), 내장함수, 모듈함수 등이 있다.

2. Python 사용자 정의 함수는 사용자가 직접 정의하여 사용하는 함수로서 (   )에 의해 일반적인 사용자 함수를 정의하고 (   )에 의해 한 줄 명령 함수를 정의한다.

3. (   ) 함수는 Python에 기본적으로 내장되어 있는 함수이고 (   ) 함수는 모듈에 정의되어 있는 함수이다.

4. 함수를 정의할 때 (   )은 함수를 대표하는 이름으로 함수를 구분하는 역할을 하고, (   )는 함수 정의할 때 사용하는 매개변수로서 대부분 변수를 사용한다.

5. 사용자정의함수를 정의할 때, (   )개 이상의 가인수를 사용하여 정의하고, 0 또는 1개의 (   )항목이 나오도록 명령코드를 구성하는데 returrn문에 이를 정의한다.

6. Return문의 리턴 항목은 1개이지만 (   ), 튜플과 같은 복합구조도 사용 가능하므로 실제로는 여러 구성요소의 반환이 가능하다.

7. (   )는 함수를 호출할 때 함수명과 함께 사용하는 상수, (   ), 연산식 형태의 인수를 말한다.

8. 파이썬 함수를 호출하면 제어가 함수의 명령코드로 옮겨지고 (   )을 만나거나 더 이상 수행할 명령코드가 없으면 제어가 호출한 곳의 바

로 다음으로 옮겨진다.

9. Python 함수에서 인수 중에서 (   )의 자료형은 동적으로 결정된다.

10. (   )는 몫과 나머지를 튜플 형태로 반환하는 내장함수이다.

11. 'import 모듈명' 과 같이 하여 모듈명에 속하는 모듈함수를 호출할 때는 반드시 함수명 앞에 (   )을 기술해야 하지만 'from 모듈명 import *'과 같이 하면 기술하지 않아도 된다.

12. 파이썬 사용자 정의함수를 개발하는 원리는 나누어서 정복하는 (   ) & conquer 전략으로 전체 문제를 특정 (   )을 수행하는 함수로 나누고 각 함수를 개발한 다음 전체를 구성하게 하는 것이다.

13. 파이썬 내장 함수 abs()는 (   )을 알려주는 함수인데 두 수(a, b) 의 차이를 구할 때 사용한다.

14. 함수를 정의할 때 유의사항 중에서 명심할 사항은 '함수의 (   )을 높여라'는 것이다. 이는 가능한 논리적으로 단 하나의 기능만을 수행하는 단순한 형태로 만들어 하나의 함수는 하나의 결과만을 반환하는 형태로 정의하라는 것이다. 즉 (   )를 높이고 (   )를 낮추라는 것을 의미하기도 한다.

15. 응집도를 높여라는 것은 가능한 하나의 (   )만을 수행하도록 만들어라는 뜻으로 함수의 응집도가 높아져야 다른 쪽에 영향을 미치는 부작용을 없앨 수 있다.

16. 결합도는 하나의 함수가 다른 함수와 아주 밀접하게 연결되거나, 공동으로 변수를 통해 기억공간을 (   )하거나, 특정 인수에 따라 반환되는 값이 달라지는 것을 나타내는 것으로 결합도가 높으면 다른 함수에 영향을 주는 (   )이 발생하기 쉽다. 따라서 가능한 결합도가 낮은 형태로 함수를 만들어야 함수의 독립성을 높아지고 재사용성도 높아지게 된다.

[심화문제]

1. 다음 프로그램 코드에서 내장 함수, 모듈 함수, 사용자정의 함수를 구분하시오.

```
def4.py - C:\pythonSource\def4.py

File Edit Format Run Options Window Help
# Python 터틀그래픽 임의 위치에 원 그리고 면적 출력
# Divide & Conquer

import turtle
import math
import random

def areaCircle(r):
    area = math.pi*r*r
    return area

def drawCircle(x, y, r): # (x,y)에서 반지름 r 인 원 그리기
    turtle.up()          # 그리지 않고 이동 모드 설정
    turtle.setpos(x,y)   # (x,y)로 터틀 이동
    turtle.down()        # 그리지 않고 이동 모드 해제
    turtle.circle(r)     # 원 그리기
    turtle.write(areaCircle(r), align='center', font=('맑은고딕',15,'bold'))

turtle.reset() # 터틀 그래픽 초기화

r = int(turtle.textinput("반지름 입력", "50-150 사이의 정수"))
x = random.randint(-150,150)    # -150~150 까지의 임의의 정수(난수) 발생
y = random.randint(-150,150)    # -150~150 까지의 임의의 정수(난수) 발생

drawCircle(x,y,r)

                                                          Ln: 27  Col: 0
```

1) 내장 함수

2) 모듈 함수

3) 사용자정의 함수

2. 다음은 임의 위치 원 그리기 함수(drawCircle)를 정의해놓고, 이를 이용하여 임의의 위치를 난수로 발생시켜 반지름이 r인 5개의 원이 나오게 하는 프로그램이다. 빈 칸을 채워 프로그램을 완성하세요.

```
def5.py - C:₩pythonSource₩def5.py

File  Edit  Format  Run  Options  Window  Help

# Python 터틀그래픽 임의 위치에 원 5개그리기
# Divide & Conquer

import turtle
import math
import random

def drawCircle(x, y, r): # (x,y)에서 반지름 r 인 원 그리기
    turtle.up()          # 그리지 않고 이동 모드  설정
    turtle.setpos(x,y)   # (x,y)로 터틀 이동
    turtle.down()        # 그리지 않고 이동 모드 해제
    turtle.┌─────────┐    # 원 그리기
          └─────────┘

turtle.reset() # 터틀 그래픽 초기화

r = 80 # 반지름 = 80
for k in ┌─────────┐ :
         └─────────┘
    x = random.randint(-150,150)    # -150~150 까지의 임외의 정수(난수) 발생
    y = random.randint(-150,150)    # -150~150 까지의 임외의 정수(난수) 발생
    ┌───────────────┐
    └───────────────┘

                                                          Ln: 22  Col: 0
```

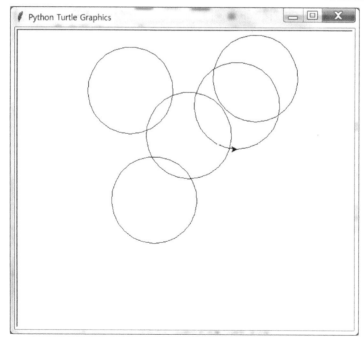

제13장
파이썬 GUI

　GUIGraphic User Interface)란 사용자가 컴퓨터를 사용함에 있어서 텍스트 중심이 아닌 그래픽 중심으로 사용할 수 있도록 해주는 환경으로 현대의 대부분의 운영체제는 GUI 환경에서 윈도우(window)나 대화상자(dialogbox), 아이콘 등으로 여러 가지 구성요소들을 제공하고 마우스 조작에 의해 특정 기능을 선택하거나 실행하게 함으로써 컴퓨터가 사용자에 의해 보다 쉽고 편리하게 제어되도록 하고 있다. 컴퓨터를 보다 쉽게 이용할 수 있도록 하는 인터페이스 기술은 터치스크린을 기반으로 마우스 대신 손가락 접촉이나 제스처 인식을 통해 제어되게 하거나 홀로그램을 통한 출력 등으로 계속 진화하고 있다. 파이썬에서 GUI 환경 기반의 프로그래밍이 가능하게 지원해주는 모듈에는 이미 배웠던 turtle이 있으며 이외에도 여러 모듈이 있으나 그 중에서 tkinter 모듈이 널리 사용하고 있다.

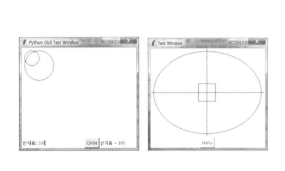
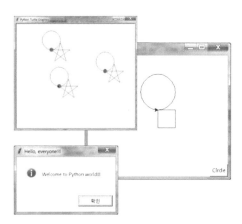

13.1 파이썬 GUI 개요

　GUI을 구성하는 대표적인 객체로는 윈도우(Window), 대화상자, 메시지박스 등이 있다. 윈도우는 GUI의 가장 기본적이고 중심적인 객체이며 윈도우를 구성하는 여러 가지 컨트롤(controls) 객체들을 내포하고 있는데 대표적으로 버튼(button

), 레이블(label), 텍스트박스(textbox), 라디오버튼(radio button), 체크박스
(checkbox) 등이 있다. 대화상자(dialog box)는 사용자와 정보를 주고받는 역할을
하는 작은 윈도우라 할 수 있다. 메시지박스(message box)는 메시지를 사용자에
게 알려주고 확인할 수 있게 하는 더 작은 윈도우에 해당된다.

파이썬 GUI를 지원해주는 모듈에는 turtle이외에 대표적으로 파이썬 표준 GUI
에 해당되는 tkinter가 있다. tkinter 그래픽은 turtle 그래픽의 상위에 위치하므로
결국 서로는 연결하여 활용할 수도 있다. tkinter에는 GUI 환경을 구현할 수 있
는 여러 구성요소를 갖추고 있다. 먼저 큰 단위의 파이썬 tkinter GUI 구성요소
에는 윈도우나 폼(Form)에 해당되는 Tk, 부분적으로 구성요소를 엮는 틀에 해당
되는 Frame, 메뉴에 해당되는 Menu, 그림을 표시하는 그림상자(picturebox)에 해
당되는 Canvas등이 있으며, 세부적인 구성요소로는 명령버튼에 해당되는 Button,
제목과 같은 문자를 표시해주는 Label, 텍스트를 입력할 수 있는 텍스트박스 역
할을 하는 Entry, 여러개 중에 하나를 선택할 수 있게 해주는 Radiobutton, 옵션
에 해당되는 선택사항을 0개 이상 선택할 수 있게 해주는 Checkbox 등이 있다.

보통 GUI 환경에서는 여러 윈도우 구성요소들을 제어하기 위해 키보드나 마우
스를 다룰 수 있는 방법을 제공해주는데 이 중 마우스 조작은 마우스 이벤
(Mouse Events)를 발생시킴으로써 클릭(Click), 더블클릭(Double Click), 드래그앤
드랍(Drag & Drop) 등과 같은 것에 따라 처리를 달리할 수 있게 한다. 이러한
마우스 이벤트와 같이 마우스 조작에 따라 다른 이벤트가 발생하게 히는 것을 사
건중심(Event-driven) 방식이라고 하는데 이것은 크게 보면 객체지향 프로그래밍
의 객체 구현 방식에 해당된다. 즉 객체지향 프로그래밍에서는 객체들을 표시하
고 표시된 객체들을 마우스로 핸들링(handling)하여 이벤트를 발생시키고 마우스
이벤트에 따라 처리를 달리하는 명령들을 구성하여 프로그래밍 한다.

객체 지향 프로그래밍이란 객체지향 프로그래밍 언어를 사용하여 객체중심 설
계내역이 구현되도록 프로그램을 작성하는 행위를 말한다. 객체 지향 프로그래밍
언어란 객체지향 프로그래밍의 3가지 원칙인 캡슐화(정보은닉), 상속(속성과 기능
을 그대로 물려줌), 다형성(한 이름으로 여러 기능 정의)을 지원하는 언어로서 대
표적으로 SmallTalk, Ada, C++, Java, C# , Python 등을 들 수 있다.

객체지향이론의 기본 개념은 실세계에서 이루어지는 것을 추상화하여 가능한

비슷하게 처리가 이루어지도록 하는데 초점을 맞춘 이론으로서, 실세계는 사물(객체)로 이루어져 있으며, 발생하는 모든 사건들은 객체들이 서로 상호작용한다는 전제 하에 표현된다. 즉 객체(object)는 실세계의 사물을 추상화하여 표현한 것이라고 할 수 있다. 프로그래밍 언어의 발전과정을 살펴보면 처음에는 기계를 이해해야 프로그램을 작성할 수 있었던 기계중심이었다가 프로그래밍 언어를 기계어로 번역해주는 컴파일러가 나오면서 인간중심으로 바뀌고, 바로 인간중심에서 인간의 문제를 해결하는 쪽으로 발전하면서 문제중심으로 바뀌고, 비교적 최근에는 현실의 사물을 추상화하여 컴퓨터에 객체 중심으로 표현하고 이들의 관계를 나타내는 명령을 구성하는 이른바 객체 중심으로 바뀌었다. 따라서 객체지향 프로그래밍 언어인 파이썬은 비교적 최신의 프로그래밍 언어라고 할 수 있다. 특히 GUI 환경은 객체지향 프로그래밍 언어를 사용해야 쉽고 편리하게 구현할 수 있다.

따라서 파이썬을 사용하여 GUI환경을 구현하는데 있어서 무엇보다도 객체지향과 관련된 개념을 잘 이해해야 한다. 먼저 객체(Object)에 대해 살펴보면, 객체란 분명히 구분할 수 있는 실체(entity)를 추상화한 개념으로서 실체를 추상화하여 표현할 수 있으므로, 실세계의 이해를 증진시키고, 컴퓨터에 구현하기 위한 실제적인 기초를 제공하며, 속성(properties)과 행동(behavior)의 두 요소를 가지고 있는 것을 말한다. 클래스(Class)는 객체의 공통 속성과 행동을 정의한 설계도이며, 그림 13-1과 같이 객체가 붕어빵이라면 클래스는 붕어빵 틀에 해당된다. 파이썬 GUI 클래스 예로는 Tk, Canvas, TurtleScreen, Turtle, Frame, Menu 등과 같이 세부 구성요소를 내부에 포함시킬 수 있는 그룹 형태와 Button, Label, Entry, Radiobutton, Checkbox 등과 같은 세부 구성요소에 해당되는 형태가 있다.

그림 13-1. 클래스와 객체의 예

표 13-1. 클래스와 객체 관련 용어

클래스 정의	Class의 구현	프로그래밍 언어 (Python)	Memory
속성(properties)	Member Variables	Variables (변수)	Data
행동(behavior)	Member Functions	Functions (함수)	(instruction) Codes

　클래스에 정의된 공통 속성과 행동은 표 13-1과 같이 그 클래스를 구현하는 입장에서는 멤버 개념으로 보고 멤버 변수와 멤버 함수(메서드)라고 하고 파이썬 프로그래밍 언어에서는 변수와 함수(또는 메서드)라고 하며 이것이 메모리에 구현될 때는 변수는 데이터를 보관하고 함수(메서드)는 명령코드를 보관하는 형태로 나타난다. 클래스가 정의되면 클래스의 속성과 행동을 갖는 새로운 객체들을 생성할 수 있다. 그림 13-2와 같이 '사람'이라는 클래스가 공통 속성과 행동을 정의해 놓았다면 이를 근거로 새로운 객체를 생성할 수 있으며 공통적인 행동과 속성을 가지지만 속성 속에 들어가는 데이터는 사람의 이름이 다르듯이 고유의 특성값으로 서로 다르게 표현된다.

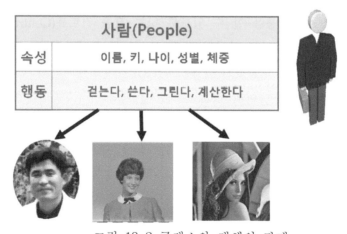

그림 13-2 클래스와 객체의 관계

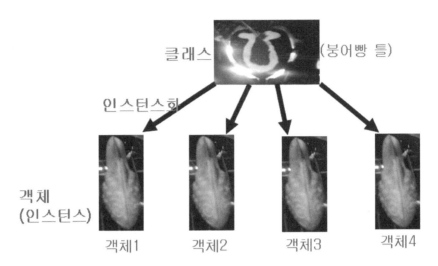

클래스 (붕어빵 틀)

인스턴스화

객체
(인스턴스)

객체1   객체2   객체3   객체4

그림 13-3. 클래스의 인스턴스화를 통한 객체 생성

클래스가 객체의 공통적인 속성과 행동을 정의해 놓은 틀과 같다면 그 틀에서 붕어빵을 찍어내듯이 그림 13-3과 같이 새로운 객체를 만드는 것을 인스턴스화(Instantiation)라고 한다. 인스턴스화는 글자 그대로 클래스의 실례(instance)를 만드는 것이며 그 인스턴스가 바로 객체라고 할 수 있다.

파이썬 윈도우 기반 GUI 환경을 구현하기 위해서는 tkinter라는 모듈을 불러와서 사용해야 한다. tkinter 모듈은 GUI 환경의 윈도우 양식을 만들어, 이를 통해 사용자와 원활한 상호작용을 할 수 있도록 하는 각종 컨트롤(Controls)에 해당되는 클래스들을 정의하고 있는 파이썬 표준 GUI 모듈에 해당된다.

tkinter 모듈에 정의된 대표적인 클래스로 GUI 어플리케이션의 주 화면이 되는 윈도우(Window)가 있으며 이것은 Tk 클래스를 통해 구현된다. 구현되는 윈도우에는 제목표시줄, 최소화, 최대화, 닫기 버튼 등이 기본적으로 존재하면 그 속에 필요에 따라 여러 컨트롤들을 넣을 수 있다.

컨트롤(controls)은 위젯(widgets)이라고도 하며 프레임, 메뉴, 버튼, 엔트리(텍스트박스), 레이블, 라디오버튼, 체크박스 등이 있으며 Frame, Menu,Button, Entry, Label, Radiobutton, Checkbox 클래스를 통해 구현할 수 있다. 이러한 컨트롤들은 윈도우에 넣어서 어플리케이션 윈도우(Applicaitons Window)나 대화상자(DialogBox) 등을 만드는데 사용할 수 있다. 대화상자란 어플리케이션의 한 기능 수행할 때 사용자와 정보를 주고받을 수 있는 소규모 창을 말한다. 윈도우가 어플리케이션을 담당하는 것이라면 대화상자는 어플리케이션의 한 기능을 수행하는 것을 담당한다.

자주 사용하는 파이썬 GUI 객체를 생성하기 위한 인스턴스화(Instantiation), 즉 정의된 클래스의 실례(instances)를 만드는 것을 할 수 있다.

'tg = Turtle()'은 파이썬 터틀 그래픽 객체 tg를 Turtle 클래스에서 생성하는 것이다.

'tkWindow = Tk()'는 파이썬 윈도우 객체 tkWindow를 Tk 클래스에서 생성하는 것이다.

'canvas = Canvas(tkWindow, width=cw, height=ch, bg="yellow")'는 파이썬 윈도우 객체 tkWindow에 들어갈 캔버스 객체 canvas를 Canvas 클래스로부터 생성하되, 캔버스 폭은 cw, 캔버스 높이는 ch, 배경색은 노란색으로 한다.

'rLabel = Label(tkWindow, text ="반지름:")'은 파이썬 윈도우 객체 tkWindow에 들어갈 레이블 객체 rLabel을 Label클래스로부터 생성하되 그 텍스트는 '반지름:'으로 한다.

'btHello=Button(tkWindow, bg="#cccccc", fg="blue", text ="Circle", command = drawCircle)'은 파이썬 윈도우 객체 tkWindow에 들어갈 버튼 객체 btHello를 Button클래스로부터 생성하되, 배경색은 '#CCCCCC'(16진수 RGB 코드), 전경색은 파란색, 버튼 위에 표시되는 텍스트는 'Circle'로 하고 만약 버튼이 클릭되면 drawCircle 함수를 수행한다.

객체의 메서드(함수)와 속성(변수) 사용하기 위해서는 객체를 생성한 클래스에 성의된 메서드와 속성을 알아야 한다. 만약 'tkWindow = Tk()'에 의해 파이썬 윈도우 객체 tkWindow가 Tk클래스로부터 생성되었다면 'tkWindow.title('Python GUI Test Window')'와 같이 기술하여 tkWindow의 제목을 'Python GUI Test Window'로 지정할 수 있다. 만약 'rLabel = Label(tkWindow, text ="반지름:")'에 의해 파이썬 윈도우 객체 tkWindow에 들어갈 레이블 객체 rLabel을 Label클래스로부터 생성하고 텍스트를 '반지름:'으로 지정해 놓았어도 'rLabel["text"] = "반지름 = "+str(r)'과 같이 기술하여 레이블 객체 rLabel의 텍스트를 '반지름 = '에   r

이라는 숫자를 문자열로 변환한 것을 덧붙인 결과를 표시한다.

또한 'tg = Turtle()'에 의해 파이썬 터틀 그래픽 객체 tg가 Turtle 클래스로부터 생성되었다면 터틀 그래픽 화면을 초기화하는 reset()을 사용하기 위해서는 미리 생성해놓은 tg 객체명을 사용하여 tg.reset()과 같이 하면 된다. 그림 13-4 (A)는 이를 나타낸 것으로 이미 배웠던 우상향 계단을 출력하는 그림 13-4 (B)와 같은 결과를 출력한다.

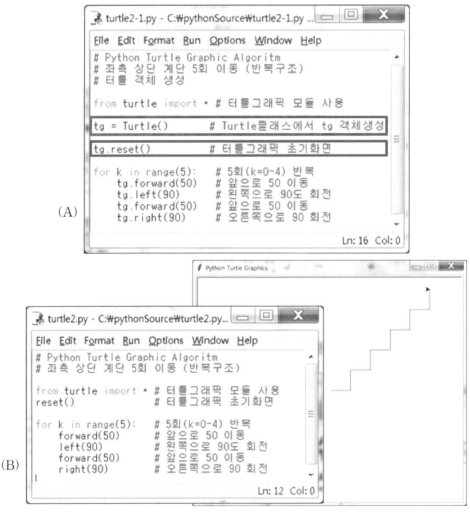

그림 13-4. 클래스를 통한 터틀 그래픽 객체를 활용한 우상향 계산 그리기

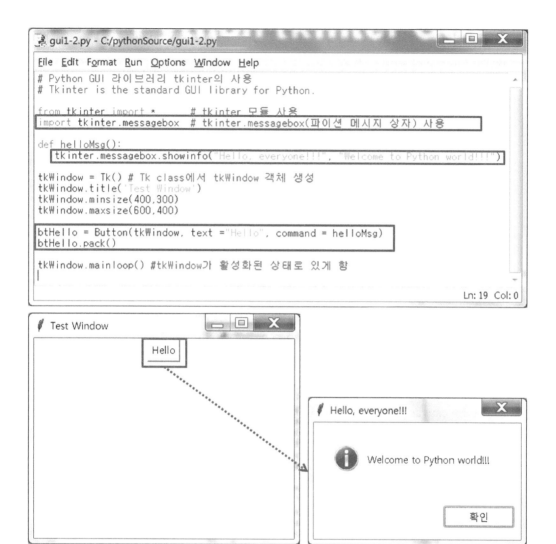

그림 13-5. 파이썬 tkinter GUI의 버튼과 메시지박스

그림 13-5는 파이썬 tkinter GUI의 버튼과 메시지박스를 사용한 예를 나타낸 것이다. tkWindow 윈도우 객체를 Tk클래스로부터 생성해놓고 제목을 'Text Window'로, 윈도우의 최소크기 (400*300), 최대크기 (600*400)으로 정해준다. 'btHello = Button(tkWindow, text ="Hello", command = helloMsg)'은 파이썬 윈도우 객체 tkWindow에 들어갈 버튼 객체 btHello를 Button클래스로부터 생성하되, 만약 버튼이 클릭되면 helloMsg 함수를 수행하는 것이다. 이렇게 생성된 버

튼 btHello는 btHello.pack()에 의해 윈도우 객체 tkWindow속으로 들어간다. tkWindow.mainloop()는 tkWindow가 닫기 버튼을 클릭하기 전까지는 계속 활성화된 상태로 존재하게 하는 역할을 한다.

그림 13-5의 아래쪽의 실행결과는 'Hello' 버튼을 클릭하면 'Hello, everyone!!!' 라는 제목의 메시지박스에 'Welcome to Python world!!!'가 표시되는 것을 나타낸다. 파이썬 tkinter GUI에서 메시지박스가 나오게 하려면 'import tkinter.messagebox'와 같이 하여 먼저 별도의 메시지박스 모듈을 사용할 수 있게 준비해야 한다. 이 후에 필요한 시점에서 'tkinter.messagebox.showinfo("Hello, everyone!!!", "Welcome to Python world!!!")'와 같이 호출하면 된다.

그림 13-6은 파이썬 윈도우 객체 속에 캔버스 객체(그림 상자)를 넣고 선, 원, 직사각형을 그리고, 그림 13-5과 같이 'Hello' 버튼을 클릭하면 메시지박스에 'Welcome to Python world!!!'가 표시되는 것을 나타낸다. 'canvas = Canvas(tkWindow, width=cw, height=ch, bg="yellow")'는 파이썬 윈도우 객체 tkWindow에 들어갈 캔버스 객체 canvas를 Canvas 클래스로부터 생성하되, 캔버스 폭은 cw, 캔버스 높이는 ch, 배경색은 노란색으로 한다. 생성된 캔버스 객체 canvas는 canvas.pack()에 의해 윈도우 객체 tkWindow속으로 넣고, 선(line) 두 개를 십자가 형태로 그리고, 타원(oval)을 크게, 사각형(rectangle)을 중앙 위치에 작게 그린 것을 포함하고 있다. 캔버스 객체의 좌표계는 좌상단이 기준점인 (0,0)에 해당되므로 오른쪽으로 갈수록 x좌표가 증가하고 아래쪽으로 갈수록 y좌표가 증가한다.

그림 13-7은 파이썬 tkinter GUI를 사용한 예로서 지름을 입력받아 해당되는 원을 그리는 프로그램을 나타낸 것이다. 윈도우 객체 tkWindow, 그 속에 들어갈 캔버스 객체 canvas, 레이블 객체 rLabel, 텍스트박스에 해당되는 엔트리 객체 rEntry, 버튼 객체 btHello를 사용한다. 'rLabel = Label(tkWindow, text ="지름:")' 은 파이썬 윈도우 객체 tkWindow에 들어갈 레이블 객체 rLabel을 Label 클래스로부터 생성하되 그 텍스트는 '지름:'으로 한 것이다. 'rLabel.pack(side=LEFT)'은 rLabel을 tkWindow에 왼쪽을 기준으로 넣어라는 의미이다. 'rEntry = Entry(tkWindow)'은 텍스트박스에 해당되는 엔트리 객체 rEntry를 Entry 클래스로부터 생성한 것이다. rEntry.insert(10,"50")은 rEntry 텍스트박스 인덱스 10위치

에 '50'을 넣어라는 뜻이다. 따라서 rEntry의 초기값은 '50'이 된다. 새로이 값이 입력되면 rEntry 값이 그 값으로 변경되고, 'Circle' 버튼을 클릭하면 해당되는 지름의 원을 그려준다.

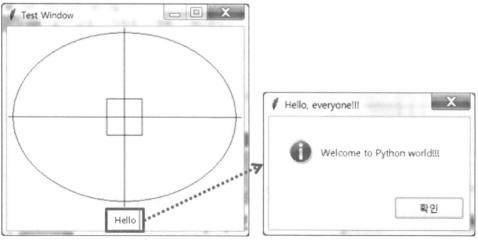

그림 13-6. 파이썬 tkinter GUI의 버튼과 메시지박스

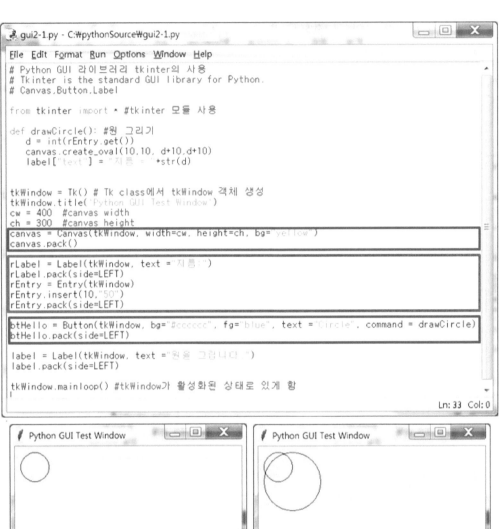

```
gui2-1.py - C:\pythonSource\gui2-1.py

File  Edit  Format  Run  Options  Window  Help

# Python GUI 라이브러리 tkinter의 사용
# Tkinter is the standard GUI library for Python.
# Canvas,Button,Label

from tkinter import * #tkinter 모듈 사용

def drawCircle(): #원 그리기
    d = int(rEntry.get())
    canvas.create_oval(10,10, d+10,d+10)
    label["text"] = "지름 = "+str(d)


tkWindow = Tk() # Tk class에서 tkWindow 객체 생성
tkWindow.title('Python GUI Test Window')
cw = 400  #canvas width
ch = 300  #canvas height
canvas = Canvas(tkWindow, width=cw, height=ch, bg="yellow")
canvas.pack()

rLabel = Label(tkWindow, text ="지름:")
rLabel.pack(side=LEFT)
rEntry = Entry(tkWindow)
rEntry.insert(10,"50")
rEntry.pack(side=LEFT)

btHello = Button(tkWindow, bg="#cccccc", fg="blue", text ="Circle", command = drawCircle)
btHello.pack(side=LEFT)

label = Label(tkWindow, text ="원을 그립니다 ")
label.pack(side=LEFT)

tkWindow.mainloop() #tkWindow가 활성화된 상태로 있게 함
```

Ln: 33 Col: 0

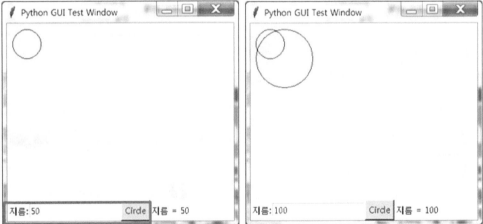

그림 13-7. 파이썬 tkinter GUI의 버튼과 메시지박스

- 236 -

13.2 tkinter 모듈 응용

그림 13-8은 파이썬 turtle GUI에서의 마우스 조작 예를 나타낸 것으로 마우스를 클릭할 때마다 그 위치에 정사각형이 나오게 하는 프로그램이다. 마우스를 클릭할 때 이벤트가 발생하도록 하려면 먼저 tg=Turtle()에 의해 터틀 객체 tg를 생성한 다음 tg.getscreen() 메서드에 의해 터틀 스크린 객체 scr을 생성시켜두고 그 위에서 scr.onclick(clickEvent)에 의해 scr상의 클릭이벤트를 발생시켜 그 처리를 마우스이벤트 핸들러 역할을 하는 사용자 정의 함수 clickEvent에 정의해둔 것이 실행되게 할 수 있다. clickEvent(x,y)에서 (x,y)는 마우스가 클릭될 때의 좌표에 해당되므로 일단 그 위치로 그리기 해제 모드 상태에서 이동한 다음 그리기 모드에서 앞으로 50이동과 오른쪽으로 90도 회전을 4번 반복수행하면 한 변의 길이가 50인 정사각형이 그려진다. 이것은 scr의 배경색을 scr.bgcolor("yellow")에 의해 노란색으로 정하였으므로 노란색으로 보이는 부분이라면 어느 곳이든 클릭하는 위치에 정사각형이 그려지게 된다.

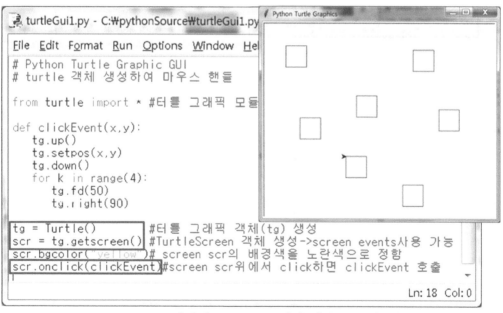

그림 13-8. 파이썬 turtle GUI에서 마우스 조작 예

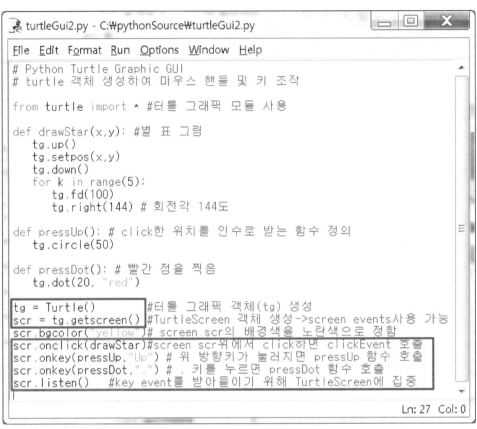

```
# Python Turtle Graphic GUI
# turtle 객체 생성하여 마우스 핸들 및 키 조작

from turtle import * #터틀 그래픽 모듈 사용

def drawStar(x,y): #별 표 그림
    tg.up()
    tg.setpos(x,y)
    tg.down()
    for k in range(5):
        tg.fd(100)
        tg.right(144) # 회전각 144도

def pressUp(): # click한 위치를 인수로 받는 함수 정의
    tg.circle(50)

def pressDot(): # 빨간 점을 찍음
    tg.dot(20, "red")

tg = Turtle()            #터틀 그래픽 객체(tg) 생성
scr = tg.getscreen()     #TurtleScreen 객체 생성->screen events사용 가능
scr.bgcolor("yellow")    # screen scr의 배경색을 노란색으로 정함
scr.onclick(drawStar)    #screen scr위에서 click하면 clickEvent 호출
scr.onkey(pressUp,"Up")  # 위 방향키가 눌러지면 pressUp 함수 호출
scr.onkey(pressDot,".")  # . 키를 누르면 pressDot 함수 호출
scr.listen()             #key event를 받아들이기 위해 TurtleScreen에 집중
```

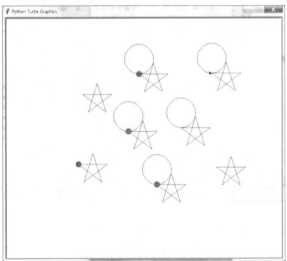

그림 13-9. 파이썬 turtle GUI에서 마우스와 키보드 조작 예

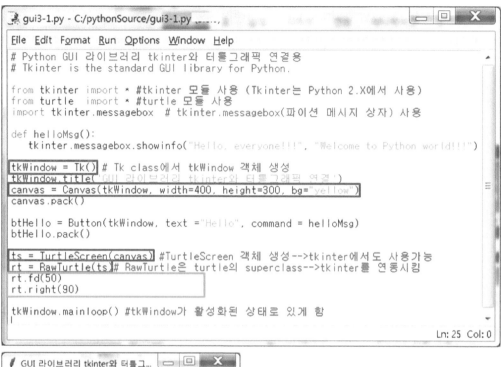

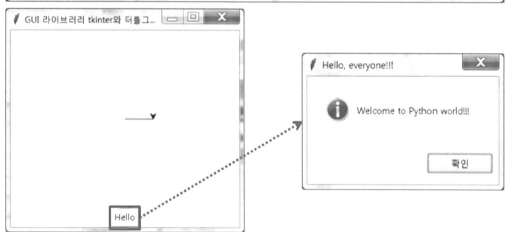

그림 13-10. 파이썬 GUI tkinter와 turtle 그래픽 연결 예

그림 13-9는 그림 13-8을 발전시킨 파이썬 turtle GUI에서의 마우스 와 키보드 조작 예를 나타낸 것으로 마우스를 클릭할 때마다 그 위치에 별표가 그려지고 위 방향키를 누르면 원이 그려지며 점(.)을 누르면 빨간 점이 나오게 하는 프로그램 이다. scr.onclick(drawStar)에 의해 클릭 이벤트가 발생하면 이벤트핸들러 역할을

하는 사용자 정의 함수 drawStar을 수행되고, scr.onkey(pressUp,"Up")에 의해 위 방향키가 눌러지면 pressUp 함수를 수행하며, scr.onkey(pressDot,".")에 의해 점(.) 키를 누르면 pressDot 함수가 수행된다. scr.listen()은 키 이벤트(key event)를 받아들이기 위해서는 약간 기다려야 하는 것이 필요한데 이를 위해 TurtleScreen에 집중하게 하는 것이다.

그림 13-10은 파이썬 GUI를 대표하는 tkinter와 turtle 그래픽을 연결한 예를 나타낸 것이다. GUI 라이브러리 tkinter와 터틀 그래픽 연결을 연결하는 방법은 먼저 Tk 객체를 생성하여 Canvas 객체를 만들고 이를 통해 TurtleScreen 객체를 만든 다음 turtle 보다 상위에 있는 RawTurtle 객체를 만드는 과정을 통해 Tk 객체와 RawTurtle 객체가 연결되고 결국 윈도우 위에 터틀 그래픽을 그릴 수 있게 된다. 그림 13-10은 그리기 모드에서 앞으로 이동하여 선을 그리고 터틀의 각도를 90도 오른쪽으로 회전하는 것을 보여주면서, Tk 클래스로부터 생성한 윈도우 객체 tkWindow에 'Hello' 버튼을 나오게 하고 그 버튼을 클릭하면 그림 13-5와 같이 'Welcome to Python world!!!'가 표시되게 한다. 그림 13-10 아래쪽에는 이와 같은 실행결과가 나타나 있다.

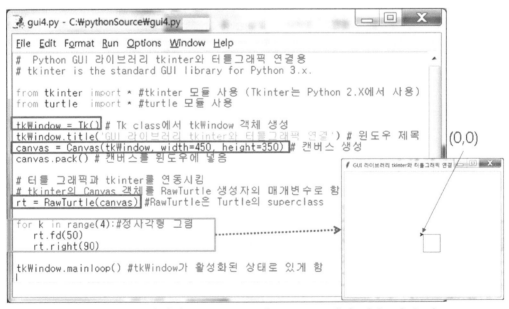

그림 13-11. 파이썬 GUI tkinter와 turtle 그래픽 단순 연결 예

```
gui5.py - C:₩pythonSource₩gui5.py

File  Edit  Format  Run  Options  Window  Help
# Python GUI 라이브러리 tkinter와 터틀그래픽 연결용
# Tkinter is the standard GUI library for Python 3.x.

from tkinter import *  #tkinter 모듈 사용
from turtle  import *  #turtle 모듈 사용

def drawSquare(): #정사각형 그리기
    for k in range(4):
        rt.fd(50)
        rt.right(90)

def drawCircle(): #원 그리기
    rt.circle(50)

tkWindow = Tk() # Tk class에서 tkWindow 객체 생성
tkWindow.title('Test Window')
canvas = Canvas(tkWindow, width=400, height=300, bg="yellow")
canvas.pack()

rt=RawTurtle(canvas)#RawTurtle은 Turtle의 superclass
btSquare = Button(tkWindow, text ="Square", command = drawSquare)
btSquare.pack(side=LEFT)

btCircle= Button(tkWindow, text ="Circle", command = drawCircle)
btCircle.pack(side=RIGHT)

tkWindow.mainloop() #tkWindow가 활성화된 상태로 있게 함

                                                        Ln: 28  Col: 0
```

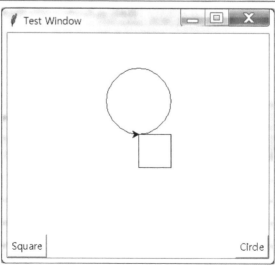

그림 13-12. 파이썬 GUI tkinter와 turtle 그래픽 단순 연결 및 버튼 이벤트 사용 예

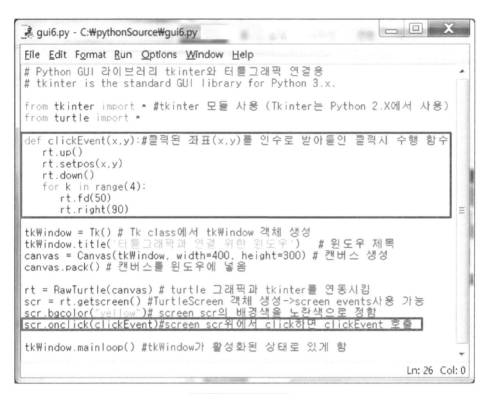

```
gui6.py - C:\pythonSource\gui6.py

File Edit Format Run Options Window Help

# Python GUI 라이브러리 tkinter와 터틀그래픽 연결용
# tkinter is the standard GUI library for Python 3.x.

from tkinter import * #tkinter 모듈 사용 (Tkinter는 Python 2.X에서 사용)
from turtle import *

def clickEvent(x,y):#클릭된 좌표(x,y)를 인수로 받아들인 클릭시 수행 함수
    rt.up()
    rt.setpos(x,y)
    rt.down()
    for k in range(4):
        rt.fd(50)
        rt.right(90)

tkWindow = Tk() # Tk class에서 tkWindow 객체 생성
tkWindow.title('터틀그래픽과 연결 위한 윈도우')   # 윈도우 제목
canvas = Canvas(tkWindow, width=400, height=300) # 캔버스 생성
canvas.pack() # 캔버스를 윈도우에 넣음

rt = RawTurtle(canvas) # turtle 그래픽과 tkinter를 연동시킴
scr = rt.getscreen() #TurtleScreen 객체 생성->screen events사용 가능
scr.bgcolor("yellow")# screen scr의 배경색을 노란색으로 정함
scr.onclick(clickEvent)#screen scr위에서 click하면 clickEvent 호출

tkWindow.mainloop() #tkWindow가 활성화된 상태로 있게 함

                                                            Ln: 26  Col: 0
```

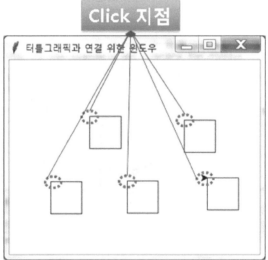

그림 13-13. 파이썬 GUI tkinter와 turtle 그래픽 연결 및 마우스 이벤트 사용 예

그림 13-11은 그림 13-10을 보다 단순하게 개선하여 파이썬 GUI를 대표하는 tkinter와 turtle 그래픽을 연결한 예를 나타낸 것이다. GUI 라이브러리 tkinter와 터틀 그래픽 연결을 연결하는 방법은 먼저 Tk 객체를 생성하여 Canvas 객체를 만들고 이를 통해 turtle 보다 상위에 있는 RawTurtle 객체를 만드는 과정을 통해 Tk 객체와 RawTurtle 객체가 연결되고 결국 윈도우 위에 터틀 그래픽을 그릴 수 있게 된다. 그림 13-10과 달리 TurtleScreen 객체는 생성하지 않아도 된다.

그림 13-12는 그림 13-11에 버튼을 추가하여 'Square' 버튼을 누르면 정사각형이 나오고, 'Circle' 버튼을 누르면 원이 나오는 예를 나타낸 것이다. btSquare = Button(tkWindow, text ="Square", command = drawSquare)에 의해 'Square' 버튼이 만들어지고 이 버튼을 클릭하면 사용자 정의 함수 drawSquare가 수행되면서 터틀 그래픽 함수로 정사각형을 그린다. 그리고 btCircle= Button(tkWindow, text ="Circle", command = drawCircle)에 의해 'Circle' 버튼이 만들어지고 이 버튼을 클릭하면 사용자 정의 함수 drawCircle이 수행된다.

그림 13-13은 그림 13-11처럼 파이썬 GUI를 대표하는 tkinter와 turtle 그래픽을 보다 간단히 연결하여 마우스를 클릭하는 곳에 터틀 그래픽 명령으로 만든 정사각형이 나오게 하되 그것이 반복적으로 이루어지게 하는 프로그램이다. 이것은 특별하게 여겨졌던 터틀 그래픽도 결국 파이썬 표준 그래픽 라이브러리라 할 수 있는 tkinter와 연결하여 하나처럼 사용할 수 있다는데 의의가 있다.

그림 13-11, 3-12, 3-13에서 tkinter와 turtle 그래픽을 연결하기 위한 것으로, 먼저 공통적인 명령문인 tkWindow = Tk()에 의해 Tk 클래스르부터 tkWindow 객체를 생성하고, canvas = Canvas(tkWindow, width=400, height=300)에 의해 Canvas 클래스로부터 tkWindow 객체를 매개로 canvas 객체를 만들고, rt = RawTurtle(canvas)에 의해 RawTurtle 클래스로부터 canvas 객체를 매개로 rt 객체를 만들고, scr = rt.getscreen()에 의해 rt 객체의 getscreen() 메서드를 통해 터틀스크린(TurtleScreen)에 해당되는 스크린 이벤트(screen events)를 사용 가능한 scr 객체를 만든다. 이로써 tkinter의 윈도우를 turtle 그래픽 스크린처럼 사용할 수 있다.

연습문제 13

[기초문제]

※ 다음 글을 읽고 빈 칸에 가장 알맞은 말을 넣으시오.

1. (   )란 그래픽유저인터페이스의 약자로서 그래픽 중심의 사용자 인터페이스를 갖는 것을 말하며, 대표적으로 (   ), 대화상자(Dialog Box), 메시지박스(Message Box)등을 들 수 있다.

2. 파이썬 tkinter GUI 구성요소에는 Tk, Frame, Menu, Canvas, (   ), (   ), Entry, Radiobutton, Checkbox 등이 있다.

3. GUI 환경에서는 (   ), Double Click, Drag&Drop 등과 같은 마우스 조작에 의해 Events를 발생시켜 이에 따른 처리를 할 수 있는 (   ) 중심 방식으로 운영되며, GUI의 구성요소를 하나의 객체로 보고 이를 기반으로 프로그래밍을 할 수 있는 (   ) 지향 프로그래밍에 의해 프로그램을 작성한다.

4. (   )는 분명히 구분할 수 있는 실체(entity)를 추상화한 개념으로 속성(properties)과 행동(behavior)의 두 요소를 가지고 있는 것이고, 이들의 공통적인 속성과 행동을 정의한 설계도에 해당되는 것이 (   )이다.

5. 객체가 붕어빵이라면 클래스는 붕어빵 틀에 해당되며, (   )는 클래스의 실례(instance)를 만드는 것으로 인스턴스가 바로 (   )에 해당된다.

6. (   ) 모듈은 GUI 환경의 윈도우 양식을 만들어, 이를 통해 사용자와 원활한 상호작용을 할 수 있도록 하는 각종 컨트롤(Controls)에 해당되는 클래스들을 정의하고 있는 파이썬 표준 GUI 모듈이다.

[심화문제]

1. 그림 9-8과 그림 13-13, 그리고 실행 예를 참고하여 임의의 정n각형을 임의의
   마우스 클릭 지점에 반복하여 임의의 무지개색으로 그리는 프로그램을 빈 칸을
   채워 완성하시오.

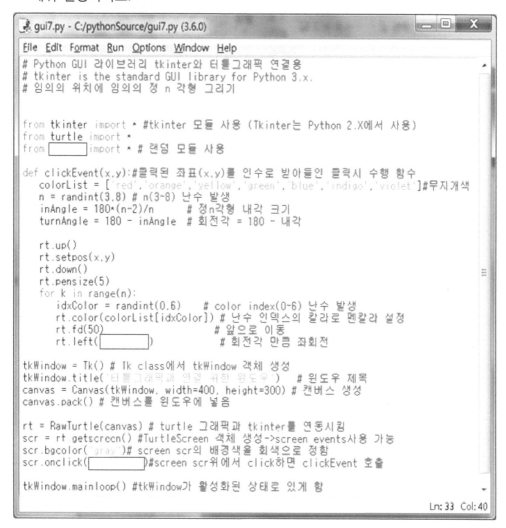

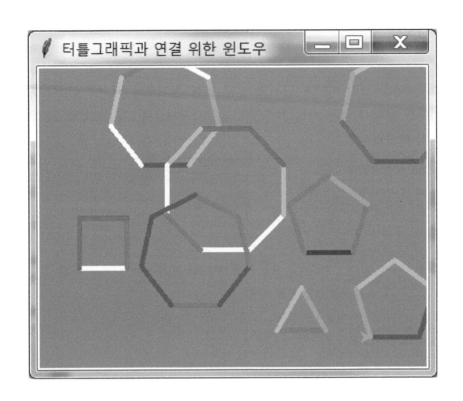

부록 A. 파이썬 다운로드 및 설치, 실행

그림 A-1과 같이 파이썬 사이트(www.python.org)에서 'Downloads' 메뉴를 찾아 마우스를 올려놓으면 윈도우용 파이썬을 다운로드할 수 있게 선택할 수 있는 버튼이 나타나고 이 중 'Python 3.7.0'을 선택하면 실행하거나 저장할 수 있는 메뉴가 나오는데 여기서 일단 저장을 선택하여 저장한 다음, 실행을 선택하여 파이썬 설치를 시작한다. 보통 상위버전이 하위버전을 수용하는 통상적인 예와 달리 여기에 제시되는 3.x버전과 2.x 버전은 호환되지 않으며 2.x 버전은 이전에 개발되어 확장성을 가졌던 것을 최소한으로 유지시켜 주려는 정도에서 관리되고 있으므로 이전의 사용자들이 필요로 하는 것이고 새롭게 파이썬을 시작하는 사람은 최신의 버전인 3.x 버전을 사용하는 것이 좋다.

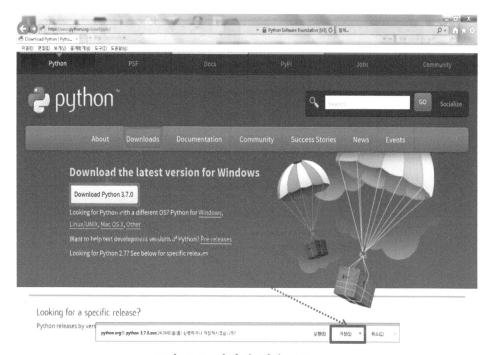

그림 A-1. 파이썬 다운로드

그림 A-2. 파이썬 설치 시작

그림 A-3. 파이썬 설치 진행 및 설치 완료

파이썬 설치 프로그램을 실행하면 그림 A-2와 같이 설치 초기 화면이 나오는데 여기서는 간단히 'Install Now'를 선택하면 그림 A-3과 같이 설치가 진행되어 얼마 뒤에 설치가 완료된다. 만약 그림 A-2에서 'Customize installation'을 선택하면 기본적으로 설정된 설치 위치를 자신이 원하는 폴더 위치로 변경시킬 수 있다. 파이썬을 설치한 후에 어떤 위치에서든지 파이썬을 실행시키고자 하면 윈도우 운영체제의 환경변수에서 PATH 부분에 설치 경로를 지정해두어야 하는데 이를 위해서는 그림 A-2의 아래쪽과 같이 'Add Python 3.7 to PATH' 옵션을 체크하면 된다.

파이썬이 성공적으로 설치되면 [시작단추][모든 프로그램] 메뉴에 그림 A-4의 위쪽 부분과 같이 'Python 3.7 (32bit)'이 나오는데, 이것을 클릭하면 파이썬이 실행되어 '>>>' 프롬프트를 갖는 대화식 실행 화면이 나오고 여기에 파이썬 명령을 입력하여 곧바로 그 결과를 확인할 수 있다. 파이썬은 인터프리터 방식의 스크립트 언어이므로 명령어 1줄씩 번역과 동시에 실행하게 된다. 이것은 [시작단추][모든 프로그램][보조프로그램][명령프롬프트] 메뉴를 실행하여 'python'과 같이 실행해도 된다. 그림 A-4의 예와 같이 명령어를 입력하면 각 명령어에 대한 실행 결과가 나타난다. 상당히 큰 숫자를 곱하거나 지수승(**)을 했을 때, 메모리가 허용하는 한도에서 긴 길이를 갖는 결과도 바로 보여주는 것을 확인할 수 있다.

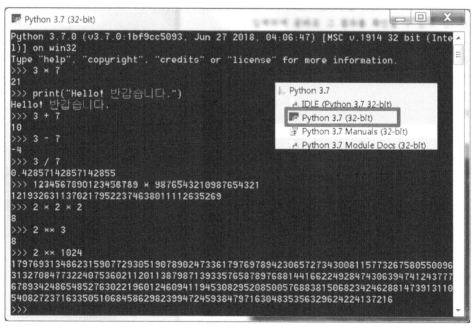

그림 A-4. 파이썬 명령줄 실행(대화식)

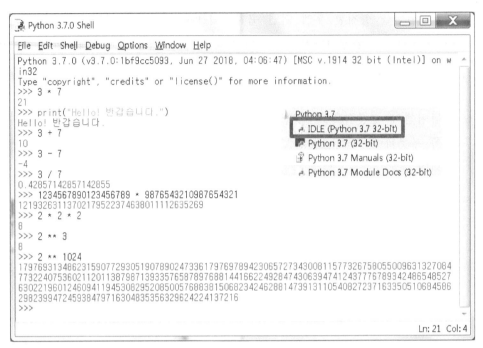

그림 A-5. 파이썬 IDLE 실행(대화식)

파이썬을 운영체제 수준에서 실행하는 방식이외에도 파이썬 통합 개발 환경인 IDLE(Integrated DeveLopment Environment)를 통해 파이썬 명령을 주고 실행결과를 확인할 수 있다. 파이썬 IDLE에는 크게 두 가지 실행방식이 있는데, 그림 A-5와 같은 대화식과 그림 A-6과 같은 일괄식이 있다.

먼저 대화식은 그림 A-5와 같이 [시작단추][모든 프로그램][Python 3.7][IDLE Python 3.7 32-bit]를 선택하면 'Python 3.7 Shell'이 나오고 여기서 파이썬 명령을 바로 입력하여 명령어 1줄씩 번역과 동시에 해독되어 실행되어 그 결과를 확인 해 볼 수 있다. 만약 여기서 파이썬 IDLE를 종료하려면 CTRL-D를 누르면 된다.

파이썬 IDLE에서 실행하는 또 다른 방식으로는 파이썬 명령문을 한꺼번에 입력하여 파일로 저장해두고 한꺼번에 불러서 실행하는 방식에 해당되는 일괄식이 있다. 그림 A-6은 그림 A-5의 명령을 한꺼번에 입력하여 모아둔 것으로 상수나 연산식의 경우 대화식에만 결과가 출력되므로 일괄식에서 출력시키려면 print() 함수 속에 넣어야 하기 때문에 이 부분만 다르게 입력한 것을 나타낸 것이다. 이 방식으로 프로그램을 작성하기 위해서는 파이썬을 실행할 때 나오는 파이썬 셸(shell) 창에서 [File][New File] 메뉴를 선택하면 새로운 스크립트 창이 나오는데 여기에 파이썬 프로그램의 원시코드를 입력한 다음, [File][Save]메뉴를 통해 파일명을 부여하여 저장한다. 이렇게 작성된 파이썬 원시프로그램을 실행시키기 위해서는 [Run][Run module] 메뉴를 선택하거나 단축키 F5를 누르면 된다.

그림 A-6. 파이썬 IDLE 실행(일괄식)

찾아보기

파이썬 터틀 그래픽을 이용한 프로그래밍과 코딩

1판 1쇄 발행   2017년 09월 01일
1판 3쇄 발행   2020년 07월 10일
저   자 정민영
발 행 인 이범만
발 행 처 **21세기사** (제406-00015호)
　　　　　경기도 파주시 산남로 72-16 (10882)
　　　　　Tel. 031-942-7861   Fax. 031-942-7864
　　　　　E-mail : 21cbook@naver.com
　　　　　Home-page : www.21cbook.co.kr
　　　　　ISBN 978-89-8468-806-3

정가 20,000원